MÉLANGES

SUR

L'AFRIQUE,

PAR

M. LE GÉNÉRAL DE BROSSARD.

PERPIGNAN.

IMPRIMERIE DE JEAN-BAPTISTE ALZINE.

1838.

I

Mélanges sur l'Afrique.

MÉLANGES

SUR

L'AFRIQUE,

PAR

M. LE GÉNÉRAL DE BROSSARD.

PERPIGNAN.

IMPRIMERIE DE JEAN-BAPTISTE ALZINE.

＊

1838.

AVANT-PROPOS.

Pendant le long séjour que j'ai fait à plusieurs reprises en Afrique, j'avais réuni un grand nombre de matériaux, que mon intention était de fondre en un corps d'ouvrage régulier et complet. Mais la crainte de rester au-dessous du sujet, et la rapidité avec laquelle marchent les évènemens, m'ont fait renoncer à cette publication, qui eût exigé plus de tems que je ne puis lui en consacrer, et eût pu perdre une grande partie de son utilité par de trop longs délais. Je me suis donc déterminé à faire imprimer ces documens sous leur forme primitive, tels qu'ils résultent, soit des diverses notes particulières que j'ai prises, soit de mes rapports officiels. On trouvera dans les mélanges que je livre aujourd'hui au public, deux de ces derniers qui sont en très grand nombre, ainsi que deux articles sur Abd-el-Kader, qui ont été insérés à une autre époque dans le *National*. Je me propose de faire suivre cette première publication d'une autre du même genre, qui contiendra ceux de ces documens que leur importance ou l'intérêt du moment me signaleront de préférence.

MÉLANGES

SUR

L'AFRIQUE.

DE L'IMPUISSANCE POLITIQUE DE LA FRANCE EN AFRIQUE.

Si depuis six années la France avait marché en Afrique dans la voie de la vérité, les faits témoigneraient de la bonté de ses mesures et de la sagesse des institutions qu'elle veut fonder : mais si au contraire les populations sont détruites ou s'éloignent; si la terre est couverte de ruines; si les champs cultivés avant la conquête sont incultes; si nos armées, sans cesse en mouvement, ne laissent derrière elles que des traces de destruction et les cadavres de nos soldats, il faut en conclure que la France marche dans de fausses voies, qu'elle a manqué à la première condition, celle de connaître le terrain sur lequel ses armées et sa civilisation entraient en action. Une nation sage, qui veut être conquérante, doit se rendre raison de l'état matériel, moral et politique des peuples qu'elle vient soumettre, et surtout s'abstenir de leur imposer le joug de ses croyances et de ses institutions, lorsque ces peuples sont en désaccord complet avec elle, non-seulement par leurs lois civiles, mais encore par leurs principes religieux et leurs mœurs.

En vérité, elle serait frappée d'un étrange aveuglement, la nation qui voudrait implanter ses lois, résultat d'une longue civilisation, œuvre d'une intelligence raffinée, sur un sol rendu vierge par des siècles de sommeil social, et viendrait les imposer à un peuple immuable, qui échappe à l'influence de notre civilisation par la simplicité de ses besoins, à la séduction de nos mœurs par la claustration des femmes, et enfin à la supériorité de notre tactique et de nos armes par le peu d'homogénéité qui le rend insaisissable.

Il est digne de remarque, que les observations qui précèdent, comme toutes celles qui sont présentées sur les obstacles que la France rencontre en Afrique, s'appliquent presque exclusivement aux Arabes. En effet, peuple oppresseur d'abord, puis vaincus par les Turcs, la chute de ces derniers semble faire revivre leur premier droit de conquête, et leur soumission doit être le premier pas à l'établissement de la domination française, le prélude de l'émancipation et du retour à la civilisation des races antiques, légitimes propriétaires du pays.

La population de la régence se divisait en six classes différentes, présentant entre elles des caractères d'opposition très marqués :

1° La nation conquérante (les Turcs);

2° La nation arabe, conquérante elle-même, et depuis soumise aux Turcs;

3° La nation maure, Arabes modifiés par la civilisation de l'Espagne;

4° Les Cabaïles, nation aborigène, montagnards non soumis pour la plupart;

5° Les Kolouglis, race mixte, descendant des Turcs vainqueurs;

6° La nation juive, ce qu'elle a été partout.

Toutefois, le principe religieux, commun aux cinq premières de ces populations, formait entre elles, sinon un lien social, au moins un lien qui peut se qualifier de famille; cette fraternité religieuse, en dépit des secousses et des violations fréquentes qu'elle a toujours éprouvées par suite de la véhémence et de l'opposition des intérêts, n'en conservait pas moins une existence vivace, en raison de l'identité du principe politique et du principe religieux, qui chez les musulmans sert de base à la loi civile et aux mœurs.

Peuples dominateurs et peuples vaincus, nations soumises ou insoumises, entraînées par la même loi religieuse, voyaient leurs dissidences s'effacer en un point pour les réunir en une seule famille de peuples, où chacun apportait sa foi, mais conservait son pouvoir et son indépendance respective.

Mais en outre du principe religieux, ces tribus se trouvaient réunies pour la plupart en société esclave, sous le despotisme militaire de la milice turque; la volonté du vainqueur constituait seule le principe du pacte social qui les régissait et les tenait rassemblées en corps apparent de nation.

Cette nationalité nominale éprouvait entre les élémens divers qui la composaient un choc d'intérêts favorable au dominateur, et les fomenter était le soin principal de la politique turque.

Ainsi, le Cabaïl défendait son indépendance et ses montagnes contre les Turcs et les Arabes.

Les Arabes se défendaient contre les Turcs et leurs dissensions intestines.

Les Kolouglis vivaient, dans la mollesse, des débris des rapines de leurs pères, échappés à la rapacité du soldat couronné.

Enfin, le Juif, esclave de tous, devenait riche par sa vie de misère et puissant par sa bassesse même, qui le rendait l'instrument intéressé des brigandages du peuple vainqueur.

Ce dernier, non moins à plaindre peut-être que les vaincus, victime de ses propres passions, soumis aux conditions de violence et d'ambition, origine et essence de son existence, dévorait pour être lui-même dévoré.

Ce conflit d'intérêts, sans règle morale, sans limites tracées par les lois, formait une série d'actions et de réactions violentes, au milieu desquelles le janissaire ambitieux se frayait un chemin au pouvoir par la fortune, à la fortune par le pouvoir; à force de pénétration d'esprit, de finesse, de conduite et de décision de caractère, il grandissait d'influence et d'autorité sur ses égaux, pour arriver à cette puissance d'un jour, conquise au péril de sa vie, entre le tranchant du sabre et l'étreinte d'un cordon de soie.

Constamment en action pour satisfaire sa propre avarice et celle, sans cesse renaissante, de ses créatures et de ses supérieurs, dès lors insatiable, autant par nécessité que par inclination, on conçoit tout ce que ce soldat parvenu et ignorant devait développer d'énergie et de capacité naturelle pour satisfaire aux exigences de sa position.

Qu'a-t-on substitué à ces dominateurs, aux passions désordonnées, à l'autorité sanguinaire, pour régir un essaim de familles guerrières, accoutumées de longue main à se défendre par la finesse, et à échapper à la violence de ses tyrans par l'astuce?

Des hommes de méthode et de modération, soumis aux opinions de la mère patrie, agissant selon les vues d'un ordre d'idées tout-à-fait étranger aux peuples vaincus, et appliquant à leur égard des règlemens ou des lois incompréhensibles pour eux, qui n'apprécient et n'estiment le pouvoir que par la force de son action. Enfin on a voulu *administrer* des peuples qu'il fallait dominer et entraîner.

Tout, jusqu'à nos habitudes sociales, a contribué à déprécier notre pouvoir. Quelle estime les Arabes belliqueux pouvaient-ils faire d'un peuple chez lequel l'homme de plume domine l'homme du glaive, et qui donne plus de pouvoir à la main tachée d'encre, qu'à la main tachée de sang.

Notre conduite a été long-tems et est peut-être encore pour eux un véritable contre-sens, qu'il aurait fallu éviter.

Nous sommes loin de vouloir préconiser le système des Turcs, dominateurs de l'Afrique, et de vouloir lui donner la préférence sur nos lois protectrices des intérêts et des personnes. Nous prétendons seulement faire ressortir les différences qui caractérisent les deux systèmes de domination, pour faire d'autant mieux sentir combien les lois respectives des deux peuples leur sont réciproquement inapplicables, et comprendre la nécessité où l'on était de se rapprocher plus ou moins des formes du peuple dominateur que la France remplaçait ; nous disons des formes, car pour les principes de justice générale, il fallait les respecter. Leur violation en effet peut donner la puissance de la tyrannie, mais jamais établir cet ordre, fils de l'harmonie, qui seul peut faire la gloire et la prospérité des nations.

Les peuples de la régence, domptés par la force d'un frein impérieux, attelés au char guerrier du vainqueur, lui obéissaient sans docilité, épiant un moment de négligence pour reconquérir leur liberté.

Le 5 juillet 1830 vit leur maître imprudent frappé à la face et renversé : ce jour-là, le glaive français coupa les traits qui les tenaient attachés et les rênes qui les guidaient, et les Arabes se sont de nouveau répandus dans leurs plaines sans limites.

Ainsi donc, au moment même de la conquête et contre toutes les règles de la prudence, on avait rompu tous les fils de l'autorité, sans prévoir si d'autres élémens d'influence pourraient leur être utilement substitués.

C'est vainement que plus tard la France a montré aux Arabes ses codes, fruits d'une civilisation riche par l'industrie, et les jouissances multipliées qui conduisent par le bien-être au sacrifice de l'indépendance individuelle. Les liens avaient été rompus par l'imprévoyance; la puissance détruite avait été constituée et maintenue par la force, la force seule pouvait recréer un nouveau pouvoir. En effet, sur quels intérêts, sur quels principes religieux ou publics, communs au peuple vaincu et au peuple vainqueur, aurait-elle pu s'appuyer?

Les faits et les circonstances que je viens de signaler indiquaient suffisamment la conduite à tenir.

Forcer à la paix les Arabes de la plaine par la politique et l'emploi des armes.

Rendre les villes maures à leur indépendance naturelle, sous la protection de la France.

Mettre les Cabaïles, peuple sédentaire et agricole, hors de cause, en les protégeant et les favorisant en toute circonstance contre les Arabes, et les encourager à descendre de leurs montagnes pour cultiver les plaines.

Accorder protection aux Juifs sans choquer la population musulmane, car ils sont un instrument indispensable, quant à présent, pour les transactions de commerce avec l'intérieur.

Pour arriver à ces résultats, établir un pouvoir qui fût compris des peuples qu'on avait à gouverner; former des armées mobiles et se donner des auxiliaires. Mais on dirait qu'on a pris à tâche d'affaiblir le pouvoir, d'appesantir les armées et de dégoûter les peuples de l'Afrique de notre protection et de notre alliance.

Ce fut une grande faute sans doute que de faire disparaître dès le jour de notre entrée dans Alger les influences qui dominaient les peuples de la régence. Mais comme au pouvoir du glaive on substituait la puissance militaire, et que l'armée renferme en soi l'autorité du commandement, l'ordre et la force, il est probable que ces peuples se seraient soumis, si dans l'incertitude du but qu'on devait se proposer, l'ignorance des moyens à employer pour agir sur des hommes de croyance et de mœurs si différentes, l'autorité n'avait pas flotté incertaine dans sa marche. Cependant, l'expérience eût plus tard rectifié la fausse direction donnée à l'exercice du pouvoir, sans les changemens fréquens des chefs et la séparation prématurée des pouvoirs civils et militaires.

Ce fut encore une grande erreur de la jalousie que nous portons à la longue suprématie des insignes militaires, que de briser l'unité de pouvoir, alors qu'il s'agissait de fonder un état nouveau. Créer est l'at-

but de la toute-puissance; aussi, placée entre la
ᵹe et l'épée, la colonie n'a-t-elle fait que de bien
bles progrès sous la tutelle des deux puissances
ales.

L'autorité du gouverneur-général, émanation di-
:te de la puissance royale, en doit, pour ainsi dire,
·e le reflet, et renfermer en soi l'autorité du com-
mdement militaire et l'initiative des mesures ad-
.nistratives et politiques. Toutefois, nécessairement
rrier habile, il doit lui être interdit de commander
personne. Principe de la force morale de la colo-
, il ne doit pas la commettre aux chances d'une
reprise incertaine ou téméraire, dépositaire des
érances de la mère patrie, protecteur des intérêts
pays, l'accroissement et la prospérité de la colonie
vent être le seul but de ses travaux. Il doit baser
nneur de son commandement et la grandeur de
éputation sur les résultats généraux, et il importe
son attention n'en puisse être détournée par des
es personnelles de gloire militaire, dont les résul-
plus éclatans que solides coûtent à la société, en
éral, plus qu'ils ne donnent à ceux dont ils élèvent
ortune.

Iomme d'ordre et d'administration avant tout, le
verneur-général, en renonçant à l'éclat des succès
itaires, gagnerait en autorité, en véritable gloire,
urtout en stabilité, bien plus qu'il n'aurait aban-
né. Nul ne peut se flatter d'être heureux ou sage
s toutes les circonstances de sa vie ; c'est bien assez
préoc pations du Général qui marche à l'ennemi,

ou des méditations qui préparent la fondation d'un état, pour employer toute la capacité d'un homme de l'esprit le plus étendu. L'histoire a prouvé que la flamme du génie, quelque brillante qu'elle se soit montrée au front de ceux que le ciel avait favorisés, n'a pas suffi pour les sauver tout à la fois des illusions de la gloire ou des erreurs de la politique.

D'ailleurs, dans l'œuvre qui doit s'accomplir en Afrique, les triomphes du guerrier ne tiennent qu'une place très secondaire. Rappeler à la civilisation des nations deshéritées de leur prospérité antique, réunir sous un même pouvoir des peuples de mœurs et de croyances, opposées, sans violenter leurs habitudes sociales et leur conscience religieuse; les confondre d'intérêts et de bonheur avec le peuple vainqueur, les enchaîner par les bienfaits de l'ordre, de la justice et de la liberté, voilà, je pense, de l'ouvrage pour plus d'un homme, peut-être pour plus d'un siècle, et de la gloire pour toute une nation.

La France parviendra-t-elle à ce noble et grand résultat? Après sept années de fautes, on pourrait dire inexplicables, il serait permis d'en douter si, malgré tant de revers, la foi ne restait intacte au cœur de la majorité des Français. Les peuples sont forts de ce qu'ils croient; la France croit en l'Afrique, la France doit vaincre tous les obstacles. Ils sont grands, plus grands qu'ils n'ont jamais été.

La soumission des peuples de la régence d'Alger, que les efforts répétés de la France, si puissante par sa richesse, son industrie et le courage de ses fils,

n'a pû même commencer, un berger est sur le point
de l'accomplir sous ses yeux, malgré elle ; que dis-je ?
par elle-même, car ce sont les fautes de la France,
plus encore que son génie, qui ont fait Abd-el-Kader
grand et puissant. Malheur au nom de celui qui a
aiguisé son yatagan, car il a fait et fera couler le sang
français !

DES PROJETS D'ABD-EL-KADER.

—

> « Sans besoins et demi-nus, ils sont durs à la
> « fatigue. Leur sobriété est étonnante, un peu
> « d'eau et quelques figues de Barbarie suffisent
> « à leur nourriture. *Si un homme de génie parvenait*
> « *à les réunir sous sa loi, ils feraient encore trembler*
> « *l'Europe.* »
>
> (Rapport du général baron BERTHEZÈNE au Ministre
> de la Guerre, 17 août 1831.)

Quelque grand que soit le génie d'un homme, il
ne mesure pas d'un seul coup-d'œil tout ce que ses
forces lui permettraient d'entreprendre. L'homme le
plus agile a besoin de s'essayer à franchir les obstacles, pour connaître ce qu'il peut oser. Il n'appartient qu'aux princes d'improviser en matière de commandement, car leur esprit est préparé dès l'enfance
à l'exercice d'une grande autorité, et le noviciat des
rois se fait au sein de leur nourrice.

Sous ce rapport, Abd-el-Kader, tout berger qu'il est,
est peut-être encore plus prince qu'un prince euro-
péen ; il l'est à l'antique, à la manière d'Homère.

Il n'est donc pas étonnant que de prime-abord de
vastes pensées se soient développées en lui, et que

là où un berger ordinaire n'eût vu que l'avantage de garder ses troupeaux à cheval, Abd-el-Kader ait vu, pour employer les mots français, une principauté, un royaume, un empire, la régénération des peuples arabes, enfin la conquête de l'Afrique.

N'allons pas, dans notre légèreté toute française, prendre ceci pour des rêves des Mille et une nuits, et ne nous mettons point à critiquer en prenant pour point de départ, notre éducation et nos idées européennes, car nous penserions et parlerions au rebours du bon sens *arabe*. Pour raisonner de l'Afrique, il faut s'identifier avec la nature africaine, avec son sol, son atmosphère embrasée et ses peuples. Ne rions donc pas des projets d'Abd-el-Kader, préparons-nous à les combattre et les faire avorter; il en est tems encore.

Abd-el-Kader est Arabe *patriote*, mahométan fervent plutôt que fanatique, et *doué* d'une haute et grande ambition.

Arabe patriote, il veut l'indépendance et la gloire des peuples arabes. Son ambition s'est agrandie et ennoblie de tout son patriotisme, et musulman fervent, il a raisonné ainsi :

Les Arabes gémissaient sous la tyrannie des Turcs, divisés et impuissans à secouer le joug. Dieu a suscité les Francs; la puissance des Turcs s'est évanouie.

Depuis sept années, ces nouveaux conquérans, puissans en nombre, richesses et industrie, s'épuisent en vains efforts sans pouvoir établir leur autorité; Dieu les a frappés d'aveuglement, afin que leur force et leurs trésors ne puissent prévaloir contre nous, et deviennent au contraire les instrumens de notre grandeur, comme ils l'ont été de notre délivrance. Je resterai Arabe, mais je m'unirai à eux; je profiterai de leur science pour créer un grand empire, et cela fait, avec l'aide de Dieu, je briserai l'instrument de ses desseins, car alors il sera abandonné de lui. Telle a été la poétique de ses projets : passons à l'application.

Il s'est dit d'abord : je serai Emir de Mascara; c'était le plus difficile, et pourtant il a été reconnu Emir de Mascara. Il a ajouté : je dominerai la province d'Oran, j'étendrai un bras protecteur sur les plaines d'Alger, j'assiérai mon empire aux sources du Chélif, et commanderai aux cités de Milianah et de Médiah. Je toucherai à la puissance d'Achmet-Bey, dont le dernier jour sera venu, et que je laisserai renverser par les Français, car je m'agrandirai de ses débris.

Par une politique habile il a trompé le général français. Le poison l'a délivré de Sidi-Embarack, et du haut des chaînes de l'Atlas il a dicté des lois aux populations qui environnent Alger. La puissance d'Achmet-Bey s'est écroulée devant les canons de l'armée française, et alors l'Emir s'est écrié : l'œuvre de Dieu s'accomplit, j'ai fait la paix et suis l'ami des Français; l'un de leurs généraux est devenu mon oukil [1], et Dieu s'est servi de leur bras pour abattre le dernier des Turcs, nos tyrans.

---

[1] Un oukil, intendant sur les biens où habite le maître, fondé de pouvoir là où celui-ci n'est pas.

Je donnerai aux chrétiens tout ce qu'ils voudront, des bœufs, des grains, des terres, des villes, des sermens, tout, hors le pouvoir sur les Arabes. S'ils veulent cultiver, je protégerai leurs cultures. S'ils veulent bâtir des villes, j'aiderai à leurs travaux. Pendant ce tems je fonderai mon autorité sur des bases solides; j'armerai mes peuples d'armes françaises; j'envelopperai les chrétiens d'un réseau d'ennemis invisibles; j'épierai l'instant favorable : alors, de toutes parts, mes Arabes se lèveront comme des lions terribles, mais généreux, et je dirai aux Français : ce n'est pas la guerre que je vous apporte, c'est la paix.

Gouvernez les chrétiens; je commanderai aux musulmans. Restez en paix dans les villes, je protégerai les campagnes; les chrétiens qui les habitent seront mes frères. Ce n'est pas vous que je veux combattre, ce sont les peuples de l'Afrique que je veux affranchir, régénérer, et je ne peux rien sans vous. A ce moment la France aura à choisir entre une guerre longue, ruineuse et incertaine dans ses résultats, ou un traité qui lui laissera la tranquille possession des villes du littoral, avec des avantages commerciaux et une protection temporaire, il est vrai; mais assurée pour ceux de ses sujets qui se seront livrés à l'agriculture.

Arrivé à cette période de sa puissance, Abd-el-Kader demandera des officiers français, organisera des armées et marchera à la conquête de Maroc; il préférerait commencer par la soumission de Tunis, s'il ne craignait la résistance de la France, mais s'il triomphe de Maroc il se croira assez fort pour braver notre opposition, et viendra nous acheter par un nouveau traité la permission de conquérir Tunis ; si le succès couronne ses armes, ce sera le moment de prendre garde à nous : que fera la France ? que pourra-t-elle faire ?

Que tout ce qui précède soit raisonnable et probable selon nos idées à nous autres européens, je n'ose le dire ; mais si de la vérité d'une partie de ces choses on peut en conclure la probabilité des autres, on ne doit pas douter qu'Abd-el-Kader ne nourrisse ces projets et ne marche à ce but : et on est autorisé à dire qu'il n'y a pas de tems à perdre pour les combattre.

Être Emir de Mascara, soumettre les peuples de la province d'Oran, préparer l'établissement de sa puissance sur Milianah, la province de Tittery et celle d'Alger, s'en faire reconnaître souverain par un général français, obtenir de lui la persécution des Arabes nos alliés, se défaire de ses compétiteurs par la guerre ou le poison, pour rester la seule puissance musulmane de la régence, certes toutes ces choses étaient une grande et difficile entreprise, et il a fallu une vaste portée d'esprit et un haut caractère pour y parvenir au milieu des obstacles qui se sont présentés, et s'y porter en quelque sorte par la seule force des évènemens. Si donc on compare les difficultés qu'il a surmontées jusqu'à présent à celles qu'il lui reste à vaincre, on reconnaîtra que d'Abd-el-Kader, simple marabout et obscur chef de tribu, à

Abd-el-Kader, émir et souverain reconnu de trois provinces, la distance est plus grande à parcourir que de ce dernier au sultan Abd-el-Kader, conquérant de Maroc et de Tunis, et dominateur de l'Afrique-Septentrionale.

DE LA SITUATION DE L'AFRIQUE

A LA FIN DE 1837 *.

—

Nous avons indiqué la vaste étendue des projets d'Abd-el-Kader. Nous allons examiner comment le traité de la Tafnah est venu en préparer, dans un avenir qui n'est pas bien éloigné peut-être, l'entier accomplissement. Les développemens dans lesquels nous serons forcés d'entrer, serviront de justification aux assertions que nous avons avancées sur les desseins de l'Emir, et on pourra apprécier à sa juste valeur la position que le général Bugeaud nous a créée en Afrique. Que la vanité européenne ne s'arme pas d'un sourire de dé-

* J'éprouverais un vif regret, si l'on pouvait croire que ma position personnelle à l'égard du général Bugeaud a influé sur l'esprit qui a dicté cette critique du traité de la Tafnah. En émettant mon opinion sur les projets d'Abd-el-Kader et sur les inconvéniens de la paix conclue avec lui, je n'ai eu en vue que l'intérêt du pays : cette opinion je l'ai toujours eue. Le général Bugeaud le sait parfaitement, lui, qui ne l'a point partagée et ne m'a pas laissé ignorer que j'avais le tort bizarre d'avoir deviné trop juste. Deux raisons m'ont surtout déterminé à publier ce fragment et celui qui précède avec mon nom : le désir de leur donner un caractère plus marqué d'authenticité, et la profonde répugnance que j'éprouve pour toute démarche qui aurait une apparence *de conduite clandestine.*

dain. Toutes les forces matérielles de la France seront impuissantes contre l'Afrique dans l'état actuel des choses, sans la perte d'Abd-el-Kader. Le peuple arabe est invincible s'il reste arabe et uni; car il est insaississable par ses intérêts et par ses mœurs : ses richesses sont des troupeaux, ses villes des tentes, et ses forteresses la fuite et le désert.

Nous avons dit qu'Abd-el-Kader, chef habile et musulman fervent, est aussi Arabe patriote. Mais son patriotisme ne se lie pas seulement à une tente, à un site, à un district isolé. Réunir sous un même sceptre des peuples d'origine et de langues diverses, si l'on veut, mais professant une même loi, voilà son patriotisme; car la patrie du musulman est là où du haut des minarets le Muezzin appelle les croyans à la prière.

On a vu comment Abd-el-Kader, après diverses vicissitudes, était parvenu à se défaire de ses compétiteurs les plus immédiats. Un seul restait, et de tous le plus redoutable, le Bey de Constantine. Sa souveraineté d'importation étrangère était par là antipathique aux populations arabes; mais ce chef, par la force et la corruption, par l'ascendant de sa présence et par le mobile religieux, lien commun des peuples musulmans, avait fondé une puissance sur laquelle la France avait à venger un échec. Ennemi naturel d'Achmet-Bey, Abd-el-Kader devait souhaiter sa perte; mais pour qu'il en pût profiter il fallait qu'il prît une position dans laquelle il lui fût facile de rallier à lui les débris d'Achmet-Bey, dont il était séparé par les provinces d'Alger et de Tittery. Les soumettre à ses lois d'une manière ou d'une antre, devait donc être le premier pas à faire pour atteindre à ce but. Endormant la France par de fallacieuses promesses, il la flatta de l'espoir d'un traité avantageux. Le général Bugeaud vint ; orgueilleux d'un succès qu'Abd-el-Kader lui avait laissé remporter, en consentant à l'attendre à la Sickah*, sa pensée dominante fut de mériter le titre de pacificateur de l'Afrique. Certes il était noble et beau d'assurer la stabilité de notre autorité et la tranquillité de nos possessions. Ce résultat a-t-il été obtenu par un traité qui enchaîne notre influence dans de mesquines limites, nous soumet à des obligations onéreuses que ne rachète aucune garantie, aucun avantage réel, cimente les fondemens d'une puissance rivale et lui fraie le chemin de sa grandeur.

Il résulte de l'examen le moins attentif du traité, que le général Bugeaud a dès l'abord oublié le rôle auquel il était appelé naturellement, celui d'un général, pacifiant une contrée soulevée et accordant des conditions à des populations devenues nos sujettes par le droit de la guerre et la conquête qui avait substitué notre autorité à celle des Turcs. Il a traité avec l'émir comme avec un souverain étranger. Dans toute cette convention, le territoire occupé par la France est désigné par les termes de territoire fran-

* Les talens des plus grands généraux concentrés en un seul ne forceraient pas les arabes à combattre quand ils n'en ont pas l'intention : rien ne les oblige à vous attendre. (Lettre du général Bugeaud, *Courrier* du 12 février 1837.)

çais; il existe donc un territoire indépendant, et ce territoire est celui d'Abd-el-Kader. L'Emir s'engage à ne concéder à aucune puissance aucun point du littoral; mais pour disposer ainsi d'une fraction de territoire, il faut en posséder la souveraineté. La convention entière est l'aveu de l'autorité antérieure et indépendante d'Abd-el-Kader. Le général Bugeaud, nous le répétons, a donc oublié la position dans laquelle il se trouvait placé vis-à-vis d'Abd-el-Kader, ou bien, législateur et négociateur, il a ignoré les maximes les plus simples du droit public. Enfin, stipulant qu'Abd-el-Kader reconnaîtrait la souveraineté de la France, lui, général français, a nié implicitement cette souveraineté et admis celle de l'Emir.

Nous glisserons rapidement sur les stipulations secondaires du traité, qui, toutes, présentent plus ou moins de difficultés dans l'application, sans offrir aucune garantie, pas même celle d'une interprétation équitable du traité. En effet, aucun article ne détermine lequel du texte arabe ou du français doit seul faire foi en cas de difficulté, et cette précaution, que n'eût pas omise le plus mince chargé d'affaires, négociant une convention postale, a été totalement négligée par le plénipotentiaire de la Tafnah. Nous n'insisterons pas davantage sur l'incroyable inégalité entre les Français et les Arabes, que consacre l'article cinq, relatif à l'exercice du culte mahométan sur le territoire soumis à la France, sans stipuler la réciprocité pour les Européens établis dans les provinces restées à Abd-el-Kader. Nous avons hâte d'arriver aux articles qui nous astreignent à fournir à l'Emir des armes qu'il tournera demain contre nous et lui ont livré ce qu'il n'avait jamais possédé.

Nous avons établi victorieusement que des termes du traité et de la combinaison de ses divers articles entr'eux, il résulte qu'un état distinct de nos possessions a été constitué au profit d'Abd-el-Kader, et qu'il lui a été reconnu une autorité, non pas dérivée de la nôtre, mais isolée, indépendante et affranchie de tout contrôle. Ces clauses, attentatoires à notre droit de conquête, sont-elles rachetées par la sécurité de ce que nous conservons? Les étroites limites dans lesquelles nous nous renfermons sont-elles déterminées de manière à prévenir les empiètemens possibles de l'Emir? Enfin, la puissance de ce dernier est-elle circonscrite à son tour dans des bornes qui s'opposent à son agrandissement futur? Nous n'hésiterons pas à répondre, non sur toutes ces questions, qui s'élèvent comme autant de chefs d'accusation contre la sagesse et la prévoyance du général négociateur. D'abord, l'Emir ne s'engage point à nous garantir la paisible possession de notre territoire; il s'oblige seulement à ne pas la troubler. Pas un de ses cavaliers ne se joindra à nos troupes pour combattre les Arabes infracteurs du traité; pas un coup de fusil ne sera tiré pour nous par l'homme auquel nous promettons si libéralement des armes et de la poudre. Sous peine de voir couler comme autrefois le sang français, nous ne pourrons occuper Blidah et Coléah, car les populations voisines en défendront l'accès à main armée, et

l'Emir nous dira, comme il l'a déjà dit : « Ce sont des
« rebelles qui ne reconnaissent point mon autorité;
« combattez-les, comme moi-même j'y suis forcé. »
Quant à la ligne de démarcation entre notre territoire
et celui d'Abd-el-Kader, elle a déjà été l'objet de contestations insolubles; car ces contestations résultent
de la rédaction du traité, pour l'interprétation du-
quel aucune règle n'est posée. La première a été re-
lative à la possession de l'île de Rachgoun, rocher
de pouzolane, et dont la garnison a été condamnée
à périr de soif par l'abandon gratuit et non sollicité
que le général Bugeaud a fait à Abd-el-Kader de la
côte de la Tafnah. Tout le monde a pu lire dans le
Moniteur l'étrange *errata* par lequel on a tranché ou
prétendu trancher cette difficulté. La seconde, bien
plus grave encore, est indécise, et devra l'être tant
que les deux parties persisteront dans leur interprétation respective. Jusque-là la possession des riches
salines d'Arzew, qui eût pu nous dédommager de
tant de sacrifices d'amour-propre et d'intérêts, res-
tera en litige. Quelle opinion doit-on avoir d'un traité
dont les difficultés ne peuvent être applanies que par
de nouvelles concessions ou bien par la force des armes? car de deux choses l'une, si l'Emir ne veut pas
céder, et il ne le fera pas, la France sera forcée de
renoncer à la possession des salines ou de les exploiter
à la pointe de l'épée. De plus, il a prétendu conserver
son autorité immédiate sur ceux de ses sujets qui pos-
sédant sur notre territoire, viennent y planter leurs
tentes et cultiver leurs terres : pour la réciprocité il

l'a refusée, et la condescendance du général Bugeaud a mis fin à la discussion, en acceptant l'interprétation de l'Emir pour ne pas faire voir la corde de son traité. D'un autre côté, les Arabes nos alliés sont exclus des mêmes avantages sur les terres d'Abd-el-Kader, et le pacificateur de l'Afrique a été jusqu'à garantir, en dehors du traité, au chef arabe, la rélégation et l'exil de ces tribus dans les montagnes de l'Affra et du Gamera.

Le grand intérêt d'Abd-el-Kader, en traitant avec la France, était, nous l'avons dit, de reculer les bornes de son autorité jusqu'aux confins de la province de Constantine, pour pouvoir recueillir les débris de l'héritage, alors menacé, d'Achmet-Bey. Cet intérêt était évident, palpable; celui de la France était donc de s'assurer directement ou indirectement de la possession de Milianah et de Médéah, ou au moins de cette dernière ville, d'isoler ainsi Abd-el-Kader de l'est de la régence, et de le rejeter sur la rive gauche du Chélif. Le général Bugeaud a méconnu cet intérêt; aveuglé par l'ambition de la paix, il a livré d'un trait de plume à Abd-el-Kader les provinces d'Alger et de Tittery. Bien plus, il a, non-seulement, donné à l'Emir ce que celui-ci lui demandait, mais aussi ce qu'il ne lui demandait pas. Nous occupions Tlemcen; cette ville, à laquelle se rattachent d'anciens souvenirs de puissance et de splendeur, nous était utile comme poste d'observation sur les frontières de Maroc. Du méchouar de Tlemcen une garnison française pouvait épier les mouvemens de l'Emir et surveiller ses projets ambitieux dans l'Ouest. Dans ce moment, Abd-el-Kader, préoccupé de ses projets d'agrandissement dans l'Est, n'attachait point d'importance à la possession de Tlemcen : il n'en fesait point une condition du traité ; il en considérait l'occupation par nos soldats comme un fait accompli. Le général Bugeaud offrit à l'Emir la restitution de Tlemcen, et l'Emir accepta, comme il accepta également la cession du camp de la Tafnah ; il y aurait eu mauvaise grace de sa part à refuser les dons d'un ennemi aussi généreux. Après avoir porté la puissance d'Abd-el-Kader au plus haut degré, le général Bugeaud sentit apparemment qu'il devait y mettre des bornes. Il crut renfermer l'Emir dans le cercle de Popilius, en stipulant que le chef Arabe, content de gouverner les deux tiers de la régence, ne pourrait pénétrer dans aucune autre partie de l'Algérie. Cette clause pouvait avoir quelque importance quand Achmet-Bey dominait à Constantine; c'était un engagement de ne point l'attaquer, et cet engagement trouvait sa sanction dans les chances périlleuses d'une double guerre contre le Bey et contre la France. Souverain reconnu de la plus grande partie de l'Algérie, fortifié de la majorité des tribus autrefois soumises à Achmet-Bey, et qui maintenant se rallieront infailliblement à son étendard, (car leur cause et leur loi sont aussi les siennes,) et il est heureux; aura-t-il les mêmes appréhensions? C'est ce dont il est permis de douter après l'exposé que nous avons fait de ses projets. Enfin, le général Bugeaud soit qu'il fût placé sous l'empire d'une bizarre hallucination, soit qu'il fût poussé par quelque mobile inconnu et secret, admit une dernière condition qui achève d'aplanir à l'Emir le chemin de sa puissance. Par une clause spéciale, il s'oblige à lui fournir des armes et des munitions de guerre, et favorise ainsi l'exécution de ses plans belliqueux contre les populations non soumises à ses lois ; car il ne faut pas s'y méprendre, c'est là le sens incontestable de l'article sept du traité : cet article nous lie encore plus que l'Emir. Par l'article quatorze, le commerce intérieur de la régence doit être limité aux ports occupés par la France. Dans cette formule générale était compris le trafic de la poudre et des armes, et nous étions libres de l'interdire en n'en important pas. Mais l'introduction d'une stipulation distincte, qui, astreint Abd-el-Kader à acheter des armes en France, implique de notre part l'obligation de lui procurer celles qui lui sont nécessaires, si nous ne voulons encourir le reproche d'avoir manqué à nos sermens. Nous sommes donc placés dans l'alternative, de fournir à Abd-el-Kader les moyens de nous combattre, ou de lui donner le droit de nous déclarer la guerre.

Maintenant Abd-el-Kader, à l'ombre de la paix, va consolider sa puissance dans les provinces qui lui ont été données : il se grossira des arabes de Constantine, sauf les plus rapprochés du désert, qui resteront indépendans ou soumis à Achmet-Bey, et ceux des environs de Bône, qui iront peut-être planter leurs tentes sous l'abri de nos bastions. Il ne permettra point à ses sujets de venir sur notre territoire : quel profit en retirerait-il? Il ne nous enverra que des proscrits qui seront des motifs de discordes et des dissensions, car il nous demandera leurs têtes et le traité lui en donne le droit; il accueillera nos colons, car ils seront pour lui des ôtages et des garans de notre fidélité à remplir nos engagemens : il les protégera jusqu'au jour où, parvenu à l'apogée de sa grandeur, il pourra nous braver en face et marcher à notre expulsion. Maintenant notre présence en Afrique ne lui est pas importune; elle sert ses desseins. Son rôle n'est pas, quant à présent, de nous combattre ; il doit se borner à réunir les élèmens homogènes mais épars de la nation, qu'avec l'aide de Dieu, il se regarde comme appelé à fonder de nouveau. Ce projet est étendu, on pourrait dire gigantesque; mais la capacité de l'Émir, n'est pas au-dessous, et il a en lui-même l'avenir nécessaire pour l'accomplir: il n'a pas trente ans.

Avant le traité du général Bugeaud , on pouvait encore circonscrire l'autorité d'Abd-el-Kader dans la province d'Oran, et peut-être se serait-il résigné, à cette époque, à n'être que roi de Tlemcen; car, alors, dominer sur toute la régence était un *rêve*, aujourd'hui c'est une réalité : il n'y a plus de paix possible avec lui; qu'elles qu'en fussent les conditions, elles compromettraient les intérêts de la France et son honneur. Quiconque a mis la main sur la toute-puissance n'y renonce pas volontairement. C'est à quoi il faut mûrement réfléchir, si la France ne veut avoir, avant trois ans en Afrique, *ou cent mille hommes à combattre ou son déshonneur à signer.*

DE L'ORGANISATION DES ARMÉES

EN AFRIQUE [*].

—

Lorsque deux nations, brisant l'olivier de la paix, se trouvent en présence, chacune d'elles agit en raison des ressources qu'elle se connaît et de celles qu'elle suppose à son ennemi. Lorsque ces nations habitent un territoire contigu, que les causes de guerre ne résident pas dans une opposition de principe social, les calculs de la prévoyance approchent beaucoup de la vérité, et les mécomptes ne peuvent être d'une haute gravité.

Mais si la lutte vient à s'établir entre des peuples que de grands espaces séparent, qui se connaissent à peine, qui sont même en opposition sur tous les points qui lient les hommes et peuvent établir en-tr'eux quelque communauté d'idées, de principes,

---

[*] Le principe qu'il ne convient d'agir qu'avec de petites armées en Afrique a été développé dans le mémoire que j'ai publié en 1833. Malgré les changemens survenus depuis dans la situation des peuples indigènes et l'étendue des opérations, il reste toujours le même, quant au fond; son application seule peut être susceptible de quelques légères modifications prévues implicitement dans l'écrit précité.

de mœurs ou d'intérêt, que l'un est parvenu au plus haut échelon connu de la civilisation, et que l'autre est à l'échelon le plus bas, les évènemens de la guerre ne peuvent manquer de présenter les résultats les plus disparates et les plus inattendus.

De prime-abord, le peuple, armé de toute la puissance de la civilisation, poussera devant lui avec une incroyable facilité le peuple primitif, et les revers de ce dernier lui seront d'autant plus funestes qu'il fera de plus grands efforts pour soutenir une lutte inégale par l'emploi des armes et des moyens d'ordre, de méthode, produits d'une civilisation avancée, auxquels ses facultés sont encore inhabiles.

Mais, si enfin instruit par l'expérience, invoquant à son aide non sa force, mais sa faiblesse, non ses richesses, mais sa pauvreté, il se décide à ne résister que par la fuite et à n'attaquer que dans la poursuite, l'ordre, la méthode, la supériorité des armes s'épuiseront en vain sur un champ de bataille sans limite et contre des ennemis insaisissables ; le peuple vainqueur verra chaque triomphe affaiblir sa force, et ses soldats se consumer sous les ardeurs d'un soleil brûlant ou se glacer sous la rigueur des frimats. Quelque puissant que soit ce peuple il succombera dans son entreprise s'il ne change de système, car ce ne sera plus les hommes qu'il aura à combattre et à vaincre, mais la marche du tems et la nature dans toute sa rudesse première.

Ces mots ne sont pas de vaines paroles, ce sont des pages de l'histoire écrites en caractères de sang : ce sera aussi toute l'histoire des guerres de la France en Afrique, si l'on veut continuer de fermer les yeux à la vérité.

Les armées doivent, dans leur organisation, remplir deux conditions essentielles: la première, d'être en rapport exact avec la constitution des nations qu'elles doivent défendre; la seconde, de comprendre dans leur organisation les moyens les plus efficaces d'atteindre l'ennemi et les ressources nécessaires pour assurer le maintien des avantages obtenus.

Destinées à agir en Europe contre des peuples placés dans les mêmes conditions que la France, l'organisation de l'armée suffit à cette destination; mais il n'en est pas de même pour l'Afrique; la guerre ne s'y fait suivant aucune des conditions européennes, et les causes qui peuvent assurer un résultat final sont essentiellement différentes.

En Europe, l'armée est une faible partie de la population, et cette dernière est enchaînée au sol par ses intérêts. En Afrique, c'est la population tout entière qui la constitue. Comme armée, elle échappe au vainqueur par sa mobilité ; comme nation, par celle de ses intérêts.

En Europe, la destruction des armées, c'est leur dispersion. En Afrique, c'est la mort des combattans. Il est fâcheux de le dire, mais c'est une vérité: en Afrique, il faut *tuer;* c'est un combat corps à corps, un duel militaire; pour vaincre l'ennemi, nous avons la supériorité des armes et celle de l'organisation. Pour l'atteindre, il nous manque la mobilité.

Cependant il y aurait beaucoup de modifications à faire dans le système de tactique et l'emploi des armes ; mais ces objets sont des choses d'application et de détail, et je ne traite ici que des conditions générales de la guerre.

L'armée, destinée à agir en Afrique, doit donc avoir toute la mobilité de l'ennemi qu'elle est destinée à attendre, et cependant la nature des choses paraît s'y opposer. L'absence de populations agglomérées et stables impose la nécessité de porter tout avec soi ; ainsi, en 1837, *la colonne légère du général Bugeaud* traînait avec elle quarante-deux jours de vivres ; comment, avec cet embarras, poursuivre un ennemi qui fait vingt lieues entre deux soleils ? Il semble donc que sous le rapport de la rapidité des marches, on soit arrêté par un obstacle insurmontable.

Mais il n'en est pas ainsi ; l'obstacle n'est qu'apparent, et s'il n'a pas été vaincu, c'est qu'on n'a pas voulu sortir des idées et des méthodes européennes et revenir sur des mesures prises lors de l'expédition de 1830 et que sa spécialité avait déterminées [1].

La mobilité de nos armées en Europe résulte de l'immensité des ressources qu'elles rencontrent sous leurs pas, et que le droit de la guerre met à la disposition du vainqueur. Plus la marche du conquérant est rapide, plus ses ressources augmentent ; tout se soumet devant lui, tout s'organise sur ses traces.

En Afrique, nous l'avons signalé, la cité marche

[1] Voir l'article qui traite des moyens de transports, page 44.

avec la victoire ; elle fuit avec les revers et tout disparaît devant le vainqueur ; il ne reste qu'un désert. Il faut donc suppléer, par une organisation spéciale, à ce qui manque sur le théâtre de la guerre, les forteresses, les villes ou plutôt les ressources matérielles qu'elles représentent.

Nos armées sont susceptibles de pourvoir à toutes les exigences. Il suffit de donner à chacun des élémens qui les constituent, le degré d'importance exigé par la nature de la guerre dans laquelle on est engagé.

En Afrique, l'armée combattante est la cavalerie ; les places de guerre, l'infanterie, forteresse ambulante, imprenable aux plus grands efforts de l'ennemi : appuyer et protéger les opérations de la cavalerie, défendre les approvisionnemens qu'elle renferme dans l'enceinte de ses carrés ; là, se borne son rôle. Cette vérité est démontrée pour quiconque a fait la guerre contre les Arabes et les a vus autour de nos bataillons, qu'ils n'osent aborder, cédant à nos attaques et sans cesse en mouvement, nous fatiguer par leur mobilité pendant les longues heures d'un combat sans danger réel. La guerre, ainsi faite, est un véritable carrousel ; mais les cavaliers arabes en seraient promptement dégoûtés, si à la défense ou à l'attaque lente de notre infanterie, succédait l'action vive et impétueuse, mais méthodique, d'une cavalerie assez nombreuse pour être entreprenante et agir isolément et au loin.

Le danger du combat ou de ses résultats ferait alors une grande impression sur les cavaliers arabes ;

la retraite serait aussi, et même plus, dangereuse que l'attaque ; non-seulement ils pourraient être atteints dans leur personne, mais encore dans celle de leur famille et dans leurs troupeaux qui, jusqu'ici, ont généralement échappé à nos agressions. D'ailleurs, tout belliqueux qu'il est, l'Arabe, devant une cavalerie intrépide et une infanterie invincible, céderait, vaincu par l'imminence du danger et le désespoir du succès.

Jusqu'ici, je le répète, le système de guerre a été bien plus la conséquence de l'organisation de l'armée en Afrique, que l'effet du choix des chefs qui ont commandé. Mais cette situation, n'ayant pas été signalée avec assez de netteté, n'a pas été comprise si bien que des hommes, qui ont de hautes prétentions à une haute capacité, ne voient la soumission de la régence qu'avec l'emploi de 60,000 et même de 100,000 hommes; ils sont effrayés du sacrifice. Heureusement un établissement solide dans l'Algérie n'est pas à un si haut prix, bien que la condition première soit de renoncer complétement à la paix, dans le sens qu'on donne à ce mot en Europe, pour prendre une attitude de surveillance permanente à l'égard des tribus arabes.

Les données, pour apprécier les proportions suivant lesquelles les diverses armes doivent se combiner, dépendent tout-à-la-fois de la nature des choses et de la capacité des personnes. Au gouvernement seul appartient de résoudre la dernière de ces conditions par des choix éclairés.

Pour déterminer la force d'une armée expéditionnaire, je prendrai, pour base, les trois propositions suivantes : je ne fais nul doute qu'elles ne soient admises par tout officier qui sait la guerre et a l'expérience de l'Afrique.

1° Une colonne de 4,000 hommes *de bonne* infanterie, appuyée par de l'artillerie, et secondée d'un corps *quelconque* de cavalerie, *est invincible,* quelle que soit d'ailleurs la force de l'ennemi [1].

2° Que tout corps de cavalerie fort de 2,000 hommes peut agir isolément, sous la protection *plus* ou moins *éloignée* du camp de l'infanterie.

3° Que toute expédition en dehors des établissemens permanens de la colonie ne doit pas excéder quinze jours, sans l'appui de l'occupation militaire d'une ville ou d'une position retranchée.

D'après ces principes, la colonne expéditionnaire serait composée :

1° 4,000 hommes. Infanterie.

2° 2,000 chevaux. Cavalerie française et régulière.

3° 1,000 chevaux au moins. Alliés irréguliers.

4° Deux batteries de montagne. (Selon les circonstances.)

5° Une batterie montée.

6° Les transports réguliers [2].

7° Des transports auxiliaires.

---

[1] On peut même aller jusqu'à dire que le nombre, poussé au-delà de certaines limites, deviendrait, pour les Arabes, l'occasion d'un grand désastre.

[2] Voir relativement à ces deux derniers objets les rapports sur ce service, page 44.

Ce développement de forces suppose un effectif de 12,000 hommes au moins [1].

Avant le traité de la Tafna, la lutte avec Abd-el-Kader devait se résoudre dans la province d'Oran, aujourd'hui il n'en est plus ainsi ; les opérations militaires doivent se conduire simultanément dans les deux divisions ; mais bien que l'effectif de la division d'Alger doive être supérieur à celui de la division d'Oran, en raison de l'étendue du territoire occupé effectivement et de l'importance des travaux à exécuter, aucune des circonstances militaires qui se rattachent à cette province n'oblige à un plus grand développement de forces actives que pour celle d'Oran. La colonne expéditionnaire pour la province d'Alger aurait donc la même composition, et la force totale pour Alger et Oran présenterait un effectif général de 30,000 hommes.

Je m'abstiens de traiter ce qui concerne la province de Constantine, je m'en réfère à l'opinion que j'ai émise dans le premier chapitre du précis de la première période de mon commandement à Oran. Mais, quels que puissent être les projets du gouvernement, je ne pense pas qu'il soit nécessaire d'employer de plus grandes forces à Bône qu'à Oran, d'autant plus que, si je me suis bien rendu compte de l'état de cette province, il serait possible d'y soudoyer de nombreux alliés.

---

[1] On peut voir à ce sujet la décomposition des troupes de la division, que j'avais établie pour le lieutenant-général commandant la division active, après la paix de la Tafna, à une époque où des dissidences graves s'étaient manifestées entre lui et Abd-el-Kader, page 40.

Je n'entrerai point dans de plus longs détails pour justifier de la bonté du système que je viens d'indiquer. Si j'ai été clair dans l'énonciation des idées, logique dans la déduction de leurs conséquences, le lecteur doit être convaincu, comme je le suis moi-même. De bonne foi dans l'expression de mes opinions, je saurai gré à la personne qui m'indiquera les vices qu'elles renferment et qui les rendraient inapplicables, pourvu que cette personne indique aussi ce qu'elle prétend y substituer [1].

[1] Les personnes qui s'occupent de l'étude des bases qu'il faudrait adopter pour établir la puissance de la France sur le nord de l'Afrique, se sont, dans leur préoccupation, laissé entraîner à la spécialité à laquelle elles appartiennent. Les unes ont vu l'établissement de notre pouvoir dans une soumission obtenue par le fer et le feu. D'autres ont pensé que notre conquête, œuvre du tems, ne devait marcher qu'à pas comptés et n'embrasser que l'espace livré à nos travaux civilisateurs. Les partisans de l'un ou l'autre système auraient raison, s'ils ne voulaient s'exclure; c'est de leur marche combinée que peut résulter un établissement solide. Les troupes destinées à tenir les Arabes en respect, précurseurs des progrès de la civilisation, doivent être organisées pour le travail et le combat: et quoique le système de discipline des corps soit en quelque sorte répulsif du travail du soldat, il faut convenir que les seuls et véritables résultats obtenus en Afrique tiennent essentiellement aux travaux que l'armée a exécutés.

On remarque déjà en Afrique que les populations indigènes ont éprouvé de grandes modifications dans leurs idées, à mesure que les travaux civilisateurs se sont étendus sur le territoire qu'elles cultivent. Cette action et cette réaction de l'état du sol sur le moral des habitans, s'est fait sentir partout ou de nouvelles colonies se sont fondées. Les travaux de la civilisation éloignent ou soumettent les peuples incultes. Ceux-ci se confondent avec le peuple civilisateur ou ils disparaissent.

Malheureusement, les conditions de notre succès en Afrique ne se bornent pas à celles que je viens de signaler, elles se compliquent des circonstances politiques relatives aux peuples qu'il s'agit de réduire sous notre autorité. Mais, en résumé, suppléer au nombre par la mobilité, mettre de la suite dans la marche des affaires politiques et des grands travaux de colonisation, faire peu, mais faire bien, et s'en remettre au tems, voilà tout le secret.

L'effectif général de là division présente un total de 369 officiers, 10,260 hommes et 1,823 chevaux.

En voyant ce chiffre on est disposé à penser que le général qui commande à Oran dispose d'une force effective assez considérable.

La première observation à faire à ce sujet, c'est que les armes de l'artillerie, du génie et les différens corps de l'administration, entrent dans cet effectif pour 30 officiers, 1,359 hommes et 564 chevaux ou mulets; en sorte qu'il ne reste réellement dans le rang que 8,901 hommes et 1,259 chevaux, lesquels sont répartis ainsi qu'il suit :

A Oran............	300 offic.,	7,300 hom.,	1,228 ch.
A Mers-el-Kebir.	7	201	5
A Arzew..........	9	326	»
A Mostaganem ...	22	1003	26
A Rashgoun......	1	71	»

Cet effectif de la garnison de chaque place est bien au-dessus du chiffre réel des combattans; il faut en retrancher les absens et indisponibles, qui pour certains corps, comme le premier bataillon d'Afrique, présentent un chiffre relativement très élevé. Ainsi ce bataillon, dont l'effectif est de 1,324 hommes, présente en absens ou indisponibles 526 hommes. Il ne reste donc sous les armes dans ce bataillon que 798 hommes.

Mais quoi qu'il en puisse être, et en faisant abstraction des réductions qui seront ci-après effectuées pour chacune de ces garnisons, en raison des absens, des indisponibles et des garnisons qu'il faut laisser dans les places, on peut déjà remarquer que les seules troupes dont on pourrait disposer pour une expédition seraient celles de la garnison d'Oran. L'effectif actuel des garnisons de Mers-el-Kebir, d'Arzew, est au-dessous du chiffre nécessaire pour assurer le service de ces places et celle de Mostaganem va éprouver la même réduction par le licenciement des Turcs, qui entrent pour 5 officiers et 456 soldats dans sa composition. La garnison de cette place n'est, en réalité, que de 16 officiers et 522 hommes, tandis qu'il faudrait, pour suffire au service, 527 sous-officiers ou soldats.

Ainsi donc, c'est sur le chiffre de 8,901 sous-officiers et soldats et de 1,259 chevaux, des armes de l'infanterie et de la cavalerie, formant la division d'Oran qu'il faudra calculer pour la formation de la colonne d'expédition, puisqu'on a fait remarquer en commençant cette note qu'il fallait déduire des effectifs, l'artillerie, le génie et l'administration, ces diverses armes ne pouvant compter en raison du nombre qu'elles présentent.

La garnison d'Oran réduite ainsi donne le résultat suivant :

Infanterie, 220 officiers, 5,780 hommes.

Cavalerie, 80 officiers, 1,520 hommes, 1,151 chevaux de troupe.

D'où il faut déduire, pour l'infanterie :

1° Indisponibles et absens.....   1,343 hommes.

2° Garnison permanente, indispensable pour assurer le service d'Oran   1,058

TOTAL............   2,401 hommes.

En sorte que la colonne d'expédition ne se trouvera forte, en infanterie, que de 3,379 hommes, qui ne sont pas encore 3,379 combattans effectifs, puisqu'il y a les sapeurs, tambours, clairons, et enfin tout ce qui n'est pas armé de fusils, à déduire des combattans.

Maintenant, si on suppose que la totalité de la cavalerie fera partie de la colonne d'expédition et qu'il ne sera laissé aucun détachement de cette arme, nous remarquerons que les 1,520 hommes présens à Oran donnent 1,072 hommes disponibles, et que les 1,151 chevaux se réduisent à 977 disponibles, pouvant entrer en campagne.

Ainsi, en résumé, la colonne expéditionnaire ne serait, en fesant tous les efforts possibles, composée que de 3,370 sous-officiers et soldats d'infanterie, et de 977 chevaux, plus les Arabes auxiliaires et une batterie d'artillerie.

Il importe d'aller ici au devant d'une objection qui pourrait être faite : elle consiste en ce qu'on pourrait faire observer que les corps de l'administration, les troupes du génie, et les malades à la chambre ou convalescens, suffiraient au service de la place d'Oran et pour sa défense.

Il faut d'abord faire remarquer qu'un détachement du génie entrerait dans la colonne d'expédition; cependant il est certain que malgré cette légère diminution, s'il était possible de se borner à fermer les portes de la ville et celles des postes fortifiés qui l'environnent, en renonçant à toute espèce de sortie, la place pourrait être supposée à l'abri des attaques des Arabes.

Mais la défense d'Oran ne peut être ainsi réduite à une défensive absolue. Indépendamment de la population renfermée dans la ville, il faut encore protéger la population arabe qui nous est alliée et qui habite à l'extérieur, sous la tente. Il faut aussi pouvoir couvrir, au besoin, par une surveillance active, un terrain d'une étendue suffisante pour la nourriture de leurs troupeaux. S'il n'est pas indispensable d'être suffisamment fort pour défendre ce terrain, encore faut-il l'être assez pour protéger par des combats extérieurs le retour des troupeaux sous le canon de la place.

Il est encore à remarquer que l'accroissement de la prospérité de la colonie et le bien-être des troupes, dépendent en partie de la prompte terminaison des travaux qui s'exécutent à Oran, et que ces travaux seraient totalement suspendus si on ne laissait dans la place d'Oran que les malades, les convalescens, quelques troupes du génie et de l'administration.

DES MOYENS DE TRANSPORT ET DE LA REMONTE

DE LA CAVALERIE, EN AFRIQUE.

Une des causes principales de notre impuissance en Afrique, a toujours été l'insuffisance des moyens de transport et des mesures adoptées pour la remonte de la cavalerie et de l'artillerie. Cette insuffisance provient, d'une part, d'idées d'économie appliquées mal à propos; de l'autre, d'une persévérance mal entendue dans la ligne de conduite adoptée primitivement et des erreurs dans lesquelles on a induit l'administration. Je m'explique.

Préoccupée du résultat des chiffres, l'administration a reculé devant des dépenses qui paraissaient trop considérables. Plus tard, elle s'est vue obligée de revenir sur des retranchemens prématurés. Par cette fausse application des vues d'ordre et d'économie, on s'est toujours trouvé au-dessous des besoins auxquels il a fallu suppléer par des augmentations plus onéreuses qu'une dépense une fois faite, qui aurait amené un résultat complet et définitif. Ceci justifie, jusqu'à un certain point, cette maxime d'un homme d'État qui disait: que le jour où le surintendant des finances deviendrait ministre dirigeant, tout serait perdu dans le royaume, car la décision des questions de morale, de politique et même d'honneur national serait subordonnée aux résultats des chiffres.

D'un autre côté, lorsqu'on entreprit l'expédition de 1830, la dispendieuse nécessité du transport par mer et la nature de l'opération précitée qui consistait à faire le siége d'Alger, motivèrent la détermination qui fut prise de réduire les transports de l'armée au plus stricte nécessaire. Après la conquête, lors même que les opérations militaires embrassèrent, comme à Oran, un rayon de trente à quarante lieues, la disposition toute spéciale, qui avait été adoptée, fut maintenue contre toute raison. Enfin, des personnes, qui ont voulu se faire valoir, avaient prétendu prouver à l'administration que les chevaux exigeaient, en Afrique, moins de nourriture qu'en France, ce qui avait amené à n'allouer qu'une ration tout-à-fait insuffisante. Les mêmes personnes avaient établi, en principe, que les chevaux revenaient à très bas prix en Afrique. Il est vrai qu'il dépasse rarement 1,000 francs; mais il n'est jamais moindre de 3 à 400 francs. Au-dessous de ce prix, on n'a que des chevaux de rebut, et l'administration, trompée par ces notions inexactes, avait fixé le prix de la remonte à 280 francs, ce qui rendait une bonne remonte sur les lieux impossible à exécuter.

C'est ainsi que par suite de ce système vicieux, quand je pris le commandement de la province d'O-ran, on ne pouvait y disposer que de 655 chevaux de cavalerie (spahis et chasseurs) et de 265 chevaux ou mulets de l'artillerie, du génie et de l'administration. C'était avec ces faibles moyens qu'il fallait faire la guerre sur un rayon de trente à quarante lieues qui nécessitait 1,000 à 1,200 chevaux de cavalerie et l'emploi de 5 à 600 bêtes de somme, sans parler des travaux qui accompagnent la fondation d'une colonie et du service des points occupés par nos troupes. Les transports auxiliaires, fournis par les Douairs et les Smélas, avaient bien été employés jusqu'alors, mais d'une mánière irrégulière.

Ces observations préliminaires que je retrouve parmi les nombreuses notes de toute espèce que j'ai recueillies, étaient, je crois, nécessaires pour compléter l'intelligence des deux rapports qu'on va lire et qui ne sont que l'application des principes d'organisation des armées que j'ai indiqués.

AU GÉNÉRAL RAPATEL.

RAPPORT SUR L'ORGANISATION DES TRANSPORTS MILITAIRES.

Oran, 25 février 1837

Mon Général,

J'ai eu l'honneur de vous rendre compte des considérations qui m'avaient décidé à appliquer mes soins à l'organisation des transports auxiliaires ; par votre lettre du 10 février, n° 1483, vous me témoignez le désir de reconnaître les résultats qu'il est possible d'espérer du nouveau système dans lequel nous sommes entrés. Je m'empresse de répondre à vos intentions à cet égard, en vous présentant un rapport d'ensemble sur la situation des transports en général.

Les transports se divisent naturellement en deux catégories. 1° transports réguliers faisant partie intégrante de l'armée ; 2° transports auxiliaires.

Vous savez, mon général, que jamais dans les campagnes, faites en Europe, les transports réguliers n'ont pu suffire aux besoins de la guerre, et que les transports auxiliaires, c'est-à-dire les ressources fournies par le pays, y ont toujours joué le plus grand rôle.

Il y a une remarque à faire, c'est que, contrairement à toute espèce de raison, on a toujours voulu maintenir l'armée d'Afrique, sous le rapport des transports réguliers, sur un pied inférieur à celui admis pour les campagnes d'Europe ; et les choses, à cet égard, ont été portées si loin, que les officiers généraux, les officiers d'état-major et les intendans militaires auxquels un certain nombre de chevaux est alloué en Europe, ont été réduits à une proportion absolument insuffisante.

Par exemple, on a retranché en Afrique, à l'époque où la paix a été rompue, au chef d'état-major, un mulet de bât et les frais d'entretien, et au sous-intendant militaire, la première mise et l'entretien de deux mulets de bât; et cependant il est de notoriété militaire que l'Afrique est de tous les pays, celui où il faut le plus porter avec soi, et qu'elle ne présente, relativement aux transports auxiliaires, que des ressources très insuffisantes, sous le double rapport de leur quantité et de leur nature.

Cette anomalie tient au point de départ ; lorsqu'il s'est agi de l'expédition sur Alger, on a considéré qu'il ne s'agissait que d'un siége à faire, et cette considération jointe à la difficulté du transport des chevaux par la voie de mer, a décidé à n'allouer, aux divers services et aux officiers, que le nombre des chevaux qu'on jugeait absolument indispensables pour la nature de l'opération spéciale qu'on se proposait, c'est-à-dire le siége d'Alger. Une fois jetée dans cette voie, l'administration y a persisté, sans avoir égard au changement opéré dans le système d'action de l'armée, et on ne peut se dissimuler qu'une partie des mécomptes, que nous avons éprouvés en Afrique, tient en grande partie à la persistance routinière avec laquelle on a perpétué ce système.

Dans ce qui vient d'être exposé, on n'a eu en vue que les opérations ordinaires d'une armée ; mais si l'on remarque que non-seulement en Afrique, il s'agit d'une guerre faite sur un terrain où les ressources manquent, mais encore de la fondation d'une colonie, par conséquent de travaux considérables et de toute nature à exécuter, on reconnaîtra d'autant plus le vice du système dans lequel on s'est placé.

D'après ce qui précède, on voit que l'emploi des moyens de transport se divise en deux catégories. Le service de l'armée proprement dit et le service des travaux de la colonie.

Les besoins d'Oran, sous ce double rapport, méritent d'attirer toute l'attention du gouvernement. Les opérations militaires s'y exécutent dans un rayon de trente lieues environ, ce qui suppose une distance de cinquante à soixante lieues entre les points les plus éloignés sur lesquels on doit opérer ; on doit en outre ravitailler Tlemcen, au moins pour trois mois à la fois.

La ville d'Oran est très étendue ; elle a des postes extérieurs qui, sans être à une grande distance, exigent l'emploi de moyens de transports pour les alimenter. Jusqu'ici, les Blokhaus et la maison carrée ont été approvisionnés, même d'eau, par la voie des transports de l'administration. Il y a, depuis long-tems, le camp des Figuiers à approvisionner tous les dix jours ; enfin, la position de Mezerguin ayant été occupée, il a fallu pourvoir également à son service.

D'un autre côté, les travaux que le génie exécute, sont considérables, répandus sur des points éloignés et demandent l'emploi de nombreux moyens de transport.

Voyons quelles sont les ressources existant dans la division d'Oran, pour suffire à tous ces besoins.

1° Le génie a, à sa disposition, vingt-six chevaux sur lesquels cinq à l'infirmerie, huit indisponibles, deux en très mauvais état et onze pouvant à peine faire le service.

2° L'administration dispose de la onzième compagnie du train, forte de cent-six chevaux, dont huit à l'infirmerie, quatorze indisponibles, soixante-trois en très mauvais état; reste vingt et un propres à faire à peu près le service, c'est-à-dire que c'est avec soixante-huit chevaux presque hors d'état de travailler et trente-deux chevaux en très mauvais état qu'il faut trouver moyen d'assurer toutes les parties du service qui vient d'être détaillé plus haut. Je vous le demande, mon Général, peut-il entrer dans la pensée qu'une armée puisse opérer avec un pareil matériel de transports? J'ajouterai que même l'abus de l'emploi des chevaux de l'artillerie à un travail autre que celui qui est spécial à l'arme, ne présente aucune ressource possible ; car sur cent vingt-trois chevaux, il y en a neuf à l'infirmerie, six indisponibles, trente-neuf presque hors de service; ce qui ne laisse, en réalité, que soixante-dix-neuf chevaux propres au travail, quoique en très mauvais état.

Il fallait donc, mon Général, renoncer à toute espèce d'opération militaire, et peut-être même à alimenter les postes extérieurs, si l'on ne trouvait moyen de suppléer par les ressources locales, c'est-à-dire les transports auxiliaires, au manque absolu de transports réguliers. Aussi l'un de mes premiers soins s'est porté, ainsi que j'ai eu l'honneur de vous en rendre compte, sur les moyens d'organiser les chameaux et les mulets appartenant aux Douairs en brigades régulières, et j'ai pris, pour base de cette organisation, la force d'un bataillon d'expédition, présumé de cinq à six cents hommes, approvisionné pour quinze jours, chaque homme portant pour huit jours de vivres ; conséquemment sept jours devant être portés à dos de bêtes de somme et comportant l'emploi de vingt-huit chameaux ou mulets.

Il est à observer que les mulets entrant, en général, pour un quart ou un cinquième dans le nombre total des bêtes de somme des tribus arabes, j'ai prescrit que la brigade serait composée de vingt chameaux et cinq mulets, sauf le nombre qu'il serait nécessaire de réserver de ces derniers, pour le service spécial de l'artillerie, du génie, des ambulances et du trésor.

J'ai également eu l'honneur de vous rendre compte des motifs qui me paraissaient devoir décider à attacher spécialement à chaque régiment et à chaque bataillon les brigades de transports auxiliaires. Trois brigades ont été formées et sont en activité, et l'expérience a justifié mes prévisions.

M. l'Intendant chargé de cette partie du service, me rend compte que les Arabes commencent à se rendre avec plus d'exactitude aux heures qui leur sont indiquées et aux magasins qui leur sont assignés, et que les chargemens se font avec assez de célérité.

D'un autre côté, les avantages que recueillent les propriétaires des chameaux organisés en brigades, ont stimulé le zèle des autres, et Mustapha presse, aujourd'hui, l'organisation complète des bêtes de somme des tribus sous ses ordres. Cette circonstance nous donne un droit d'inspection, qui nous permet de rejeter les animaux trop faibles, et aussi d'imposer des conditions plus sévères relativement au harnachement des bêtes et aux chargemens des colis. Ainsi, nous allons tenter d'obliger les propriétaires de chaque chameau à se munir d'une paire de sacs en étoffes du pays, pouvant contenir les nôtres, et préserver ainsi la charge de beaucoup d'accidens.

Nous sommes en grande voie d'amélioration, et si j'ai, comme je l'espère, un mois ou six semaines devant moi, j'aurai organisé ma colonne mobile sur un assez bon pied.

Si le nombre de brigades de vingt-cinq chameaux excède, comme je le pense, le nombre de bataillons, je pourrai attacher deux brigades à chaque bataillon, et j'établirai un tour de service.

Je crois inutile, mon Général, d'entrer dans de plus longs détails sur l'exécution.

M. le sous-intendant Poinchevalle m'a fait connaître qu'il avait reçu de M. l'Intendant en chef de l'armée, une lettre, par laquelle on l'engageait à s'occuper des moyens d'obtenir une réduction sur le prix de location des transports auxiliaires. Je ne doute pas que nous ne puissions obtenir quelque chose à cet égard ; ce résultat sera même la conséquence nécessaire du système dans lequel nous sommes entrés, par suite de l'espèce de concurrence qui ne peut manquer de s'établir, et par l'expectative d'un emploi plus fréquent, sous la condition d'une diminution de prix de location ; mais le moment serait mal choisi pour plusieurs motifs :

1° Les tribus alliées ont beaucoup souffert et les avantages qu'elles recueillent de l'emploi de leurs bêtes de somme les indemnisent en partie de celles qu'elles ont perdues par le fait de la guerre. C'est un moyen indirect de leur donner une indemnité qui ne leur serait point allouée, si elle était demandée directement.

2° Nous avons dans ce moment le plus grand besoin d'employer toutes leurs ressources, soit sous ce rapport, soit sous le rapport du nombre de cavaliers qu'elles peuvent fournir. Il serait donc très impolitique de les mécontenter, soit relativement à elles-mêmes, soit relativement aux tribus que nous voulons attirer dans notre parti.

3° Et, enfin, il ne convient pas d'attaquer cette

question au moment d'une organisation nouvelle, où nous leur imposons des conditions plus rigoureuses sous le rapport du service.

CORPS D'OCCUPATION,

TRANSPORTS AUXILIAIRES ARABES D'AFRIQUE.

PLACE D'ORAN.

N.os des brigades	NOMS DES PROPRIÉTAIRES.	NOMBRE de bêtes de somme.			TOTAL des brigades.
		Chameaux.	Chevaux.	Mulets.	
1	Sid Hamed ould cadi	25	«	«	25
2	Mohamed ben Bechir	25	«	«	25
3	Kaddour ben Ismaïn	20	«	5	25
4	Ben Mocktar ould amuer	25	«	«	25
5	El Habib ben cherif	25	«	«	25
6	Sid Hamed ould Cadi	5	«	«	
	Mohamed ben Bechir	6	«	«	
	Kaddour ben Ismaïn	«	4	«	
	Ben Mocktar ould amuer	5	«	«	
	El Habib ben cherif	«	5	«	
		16	9	«	25
7	El Keratra	21	4	«	25
8	El Romra	«	11	14	25
9	El Romra	«	16	9	25
10	El Keratra	5	«	«	
	Romra	5	«	«	
	Romra	5	«	«	
	Ould Mofok	5	«	«	
	El Azeiza	5	«	«	
		25	«	«	25

TOTAL *à reporter*. 250

Nos des brigades.	NOMS DES PROPRIÉTAIRES.	NOMBRE de bêtes de somme.			TOTAL des brigades.
		Chameaux.	Chevaux.	Mulets.	
	Report......................				250
11	Ouled ben Ali........................	«	7	8	
	Ouled Mofok........................	«	6	4	
		«	13	12	25
12	Kromliche............................	8	«	2	
	El Souardica	4	4	2	
	El Azeiza............................	5	«	«	
		17	4	4	25
13	Mohamed ben Forlasse..............	«	5	2	
	Ali bou Talalasra....................	4	3	1	
	El Abdala............................	6	3	1	
		10	11	4	25
14	El Mazari............................	«	10	6	
	El ouled Kala auta Sidi ben amuer.....	«	7	2	
		«	17	8	25
15	Mohamed ben hammam..............	«	«	5	
	El ouled Kala auta Sidi ben amuer....	«	2	3	
	El Mustapha Feratla.................	«	2	3	
	Adda ouled Hathman................	«	7	3	
		«	11	14	25
16	Bel Kaderi...........................	«	7	8	
	El Mustapha Feratla.................	«	5	5	
		•	12	13	25
17	Mohamed ben bou Hadgcure..........	3	2	1	
	El Medjedi ben Djézir................	1	2	3	
	El Bessala...........................	«	4	2	
	«	5	2	«	
		9	10	6	25
	TOTAL *à reporter*...................				425

N.os des brigades.	NOMS DES PROPRIÉTAIRES.	NOMBRE de bêtes de somme.			TOTAL des brigades.
		Chameaux.	Chevaux.	Mulets.	
	Report.				425
18	Ben Kabouch........................	5	3	2	
	El Kreder Bohêdé.....................	2	4	3	
	Sahab ben ouadha....................	«	3	3	
		7	10	8	25
19	«	20	3	2	25
20	Mohamed ben Moctar-Zemeli...........	18	4	3	25
21	Lou Nazera.........................	12	9	4	25
22	Choualia...........................	8	10	7	25
23	«	«	5	«	
	Mohamed ben Moctar-Zemeli...........	5	3	2	
	Choualia...........................	«	4	1	
	Lou Nazera.........................	«	3	2	
		5	15	5	25
	TOTAL GÉNÉRAL..........................				575

RÉCAPITULATION.

—

Chameaux............ 288

Chevaux............. 169 ⎫

Mulets.............. 118 ⎭   287

TOTAL GÉNÉRAL............ 575

AU GÉNÉRAL RAPATEL.

Oran, 27 février 1837.

Mon Général,

Je reçois votre lettre, n° 144, sous la date du 21 février, par laquelle vous me faites connaître que M. le Ministre de la Guerre appelle votre attention sur les mesures à prendre pour assurer convenablement nos besoins en chevaux, et il désire que vous lui fassiez connaître le plus-tôt possible :

1° Quel serait le nombre de chevaux de trait ou de mulets qui devraient être achetés en France pour le corps stationné à Oran ;

2° Les sommes qui deviendraient sans emploi possible, par suite de la remonte partielle de l'Afrique, faite par des achats dans l'intérieur de la France.

Si, dans ces deux questions, M. le Ministre n'a eu en vue que de suppléer par des achats en France à l'impossibilité d'en effectuer en Afrique, et cela dans les limites des crédits ouverts pour la remonte, dont le détail est contenu dans votre lettre, n° 1,315, sous la date du 8 janvier, la question est très facile à résoudre.

DÉSIGNATION DES CORPS.	NOMBRE de Chevaux de selle.	PRIX alloué par la lettre no 1315.	TOTAL.	PRIX alloué par la lettre no 144.	TOTAL.	«
Artillerie...... { de selle..........	15	280 fr.	4,200 fr.	300 fr.	4,500 fr.	
{ de trait (parc).....	9	300	2,700	«	2,700	
De Trait — Artillerie	63	300	18,900	«	18,900	
Administration.. { train..........	67	300	20,100	«	20,100	
{ équipages.........						
Train.	28	300	3,400	«	8,400	
Chasseurs d'Afrique...............	94	280	26,320	300	28,200	
Totaux	276	«	80,622	«	82,800	

Ainsi les différentes armes sont comprises suivant le détail ci-dessous ; savoir :

Ainsi, dans le cas où ces chevaux seraient achetés en France, cette somme serait disponible.

Si au contraire, comme je le pense, M. le Ministre avait en vue, non pas la question, les prévisions de la remonte, mais bien le nombre de chevaux ou mulets nécessaires pour compléter les besoins *réels* de la division d'Oran, la question se complique. Je m'en réfère, en ce qui concerne la cavalerie, à ma lettre du 16 janvier, n° 12. Je crois y avoir dit tout ce qu'il est possible de dire sur la nécessité de la remonter, au moyen de vingt chevaux, pris en France, dans chaque régiment de cavalerie légère ou de Dragons. L'effectif des Chasseurs d'Afrique, une fois arrivé au complet, pourrait être maintenu par les moyens ordinaires de remonte. Voici le tableau de sa position actuelle et de ce qu'il conviendrait d'y ajouter.

Situation au 1er février. 949 hom., 550 chevaux.
Reçu par l'*Iphigénie*..... 105   »
A prendre dans les régi-
mens de cavalerie légère et
de Dragons 300   600
                              ————————————————
                              1,354 h.,   1,150 ch.

On prendrait dans chaque régiment qui fournirait des chevaux un homme par deux chevaux, c'est-à-dire dix hommes par régiment.

Par ce moyen le 2me de Chasseurs d'Afrique serait immédiatement complété, et la seule dépense actuelle à faire serait le transport des chevaux.

Les Spahis se remonteraient sur les lieux ou par

la voie de Tunis, ou toute autre remonte extérieure.

Un système analogue serait adopté pour l'artillerie, le génie et l'administration. Le nombre de chevaux pour l'artillerie est déterminé par la quantité de bouches à feu et le nombre des troupes. Le ministre en sait donc à cet égard plus que nous, puisque lui seul sait ce qui doit être fait. Dans tous les cas, il faut ne compter pour rien les chevaux de cette arme restant à Oran. Il y a en tout cent vingt-trois chevaux, neuf sont à l'infirmerie, six indisponibles, trente-neuf presque hors de service, soixante-dix-neuf seulement sont propres au travail, quoique en très mauvais état, et tous âgés au moins de quinze ans.

En ce qui concerne le génie et l'administration, je m'en réfère à ma lettre du 25 courant, n° 30 *bis*, que j'ai l'honneur de vous adresser par ce courrier; elle renferme tous les renseignemens qui pourront servir de base pour établir d'une manière exacte les besoins de ces deux services.

Je ne m'occuperai que de l'administration. Relativement à elle, les moyens de transport se divisent en trois catégories :

1° Les transports sédentaires; c'est-à-dire ceux qui sont affectés au service de chaque localité en particulier;

2° Ceux qui sont destinés à porter la subsistance des colonnes d'expédition et les ambulances;

3° La réserve destinée aux transports extraordinaires, comme approvisionnement et ravitaillement des places.

La première partie pourrait se composer de six prolonges et de mulets de bât. Une compagnie complète et bien organisée suffirait à Oran.

La seconde catégorie se composerait uniquement de mulets de bât, à raison de 25 bêtes de somme par bataillon expéditionnaire de 500 hommes, et de 105 mulets par 500 chevaux, savoir : 25 pour la subsistance des hommes, et 80 pour l'orge, et pour six jours dans le cas où l'on voudrait en porter.

Ainsi, une colonne de 4,000 hommes d'infanterie et de 1,000 chevaux comporterait l'emploi de

L'infanterie............................ 200 mulets.
Cavalerie............................... 210
Artillerie, génie et ambulance.... 90

La troisième catégorie pourrait se composer uniquement des transports auxiliaires, auxquels on pourrait adjoindre une partie des voitures de la première catégorie, selon l'urgence des circonstances.

Il est encore à remarquer qu'il serait possible d'employer les bêtes de la troisième catégorie pour le transport de l'orge de la cavalerie, ce qui réduirait de cent soixante mulets le nombre de bêtes de somme de la seconde catégorie. Mais alors il faudrait augmenter le chiffre de quatre-vingt-dix, porté pour l'artillerie, le génie et l'ambulance, par la raison, qu'en le fixant aussi bas, on avait en prévision, pour l'ambulance, l'emploi des mulets de la cavalerie, dont chaque jour un certain nombre doit devenir disponible par la distribution de l'orge ; il faudrait le porter à cent cinquante.

RESUMÉ. — *Artillerie.* — Proportionnellement au nombre de bouches à feu et à la force de la colonne.

Génie. — Relativement à l'importance de ses travaux et de l'étendue de terrain qu'ils embrassent, savoir : Oran, Mézergin, les Figuiers et les divers postes, Arzew, Mostaganem et la Tafna.

Administration. — Une compagnie du train.

Colonne d'expédition :

Infanterie.....................	200 mulets	
Cavalerie................	50	400 mulets.
Artillerie, génie, ambulance......................	150	

Orge pour les chevaux. — *Transports auxiliaires. Réserve.* — Les voitures disponibles de la compagnie du train et transports auxiliaires.

Nota. Il est à observer que nos alliés ne peuvent nous fournir au-delà de 400 bêtes de somme de toute espèce, qu'il faudrait les réduire à un nombre moindre, pour n'avoir que des bêtes capables d'un bon service.

Remonte de la Cavalerie. — 2me Chasseurs d'Afrique. — 600 chevaux pris dans les régimens de cavalerie légère et de Dragons, de l'âge de six à huit ans.

Spahis. — 100 chevaux achetés sur les lieux, à Tunis ou autres points de remonte extérieurs.

DE L'ORGANISATION DE MOSTAGANEM

ET DE SON TERRITOIRE SOUS LE DOUBLE RAPPORT

MILITAIRE ET POLITIQUE.

—

La ville de Mostaganem, par sa situation près de l'embouchure du Chélif et la fertilité de son territoire, a toujours été considérée comme un point de la plus haute importance. Maîtres d'Oran par la conquête du cardinal Ximenès, les espagnols tentèrent à deux reprises de s'emparer de Mostaganem, et deux fois furent repoussés. Cette ville resta soumise à la domination musulmane jusqu'en 1833. A cette époque, elle était gouvernée par Ibrahim, Caïd d'Oran sous les Turcs, et qui après la prise d'Alger, s'étant rétiré à Mostaganem, y avait maintenu son pouvoir contre les Arabes de l'intérieur, et entretenu des relations pacifiques avec la France. Le général Desmichels ayant jugé alors utile de prendre possession de Mostaganem, cette occupation mit un terme à l'autorité indépendante d'Ibrahim : Mostaganem, avec son territoire, fut constitué en Beylick au profit de ce dernier, mais sans aucune des conditions qui pouvaient donner de la vie à cette institution. Le titre de Bey implique l'idée d'un grand pouvoir ou n'est qu'une vaine formule qui n'inspire ni crainte ni respect. Il ne doit donc être concédé qu'à un homme qui mérite assez la confiance du gouvernement, pour qu'une portion considérable de la puissance exécutive lui soit déléguée. Il peut encore être conféré à un homme déjà revêtu d'une grande autorité dont ce titre n'est que la confirmation. Hors de ces deux conditions, un Beylick n'est qu'une institution qui peut être dangereuse si la confiance du gouvernement est mal placée et qui, dans l'hypothèse la plus favorable, est inutile. C'est ce qui s'est vérifié pour le Bey de Mostaganem. Circonscrit dans l'enceinte d'une ville, sans cesse gêné et combattu dans l'exercice de son autorité par un commandant de place ; sans ressources pécuniaires, sans moyens d'influence tels que les entendent les Musulmans sur les populations environnantes, que pourrait-on attendre de lui et que pouvait-il faire ? Aussi, se trouvait-il réduit à un état complet d'insignifiance compliqué encore par les embarras de sa situation personnelle, et les compagnies troupes auxiliaires de son autorité étaient désorganisées quand la suppression du Beylick fut décidée. Le projet d'organisation qu'on va lire est celui que je proposai de substituer à cette institution stérile. Je le donne ici parce qu'il peut servir de développement à une idée que j'ai émise, soit dans le cours de *ces Mélanges*, soit dans mes *Quatre-vingt-deux jours de commandement*. Je veux parler de l'érection des villes maures de l'intérieur en cités libres et indépendantes sous la protection de la France. Les populations pacifiques, commerçantes et industrielles de ces villes sont très propres à recevoir un système d'*autocratie* municipale auquel les prédisposent déjà leurs habitudes.

En effet, il faut reconnaître qu'en Afrique il ne s'agit pas de conquérir un empire, mais de fonder un état. Avant qu'Abd-el-Kader, par notre tolérance officieuse, se fut constitué une souveraineté et préparé un centre d'action contre nous, nul ne se défendait et n'était capable de se défendre, car on ne pouvait appliquer ce mot à la résistance d'une population perdue sur un immense territoire qu'il n'entrait même pas dans sa pensée de nous disputer. La cession de ce que nous pourrions mettre de terres en culture dans l'espace d'un siècle ne vaut pas, pour ces tribus, la peine d'être disputé.

Ce que les musulmans défendent, c'est leur religion et leur indépendance qu'ils croient menacées. C'est le voile de leurs femmes, la légitimité de leurs enfans, la propriété de leurs esclaves; c'est la solitude de leurs terrasses, l'isolement de leurs tentes; enfin, c'est la haine du musulman contre les chrétiens.

Dans une situation semblable qu'espérer de l'influence de nos armes et de celles de nos lois. Il ne faut à leur égard de nos codes que le principe de justice distributive qui les a dictés, et de la guerre que tout juste assez pour nous faire craindre et respecter. Il faut laisser à ces peuples leurs croyances et leurs mœurs; qu'ils se jugent et se gouvernent eux-mêmes, mais qu'ils obéissent.

Ces principes, appliqués aux habitans des villes,

nous assureraient leur attachement et leur obéissance. Organisés pour se défendre eux-mêmes contre les attaques des tribus remuantes, au moins assez de tems pour donner à nos armées le tems de les secourir, ils ne recevraient dans leurs casbahs ou citadelles que de faibles garnisons françaises, garanties, pour nous, de leur fidélité, pour eux, gages de notre protection et symboles de notre supériorité vis-à-vis des populations environnantes. Dotés des bienfaits de la paix, rapprochés des Européens par les seuls liens d'intérêts et d'avantages réciproques, éclairés par le spectacle voisin de notre civilisation, ils seraient ramenés sans efforts et sans secousses à cette même civilisation dont ils sont déchus. De son côté, la France trouverait dans leurs villes des points d'appui pour ses opérations contre des tribus insoumises, des marchés ouverts à son commerce et des centres d'actions pour ses colons. L'organisation de Mostaganem, telle que je l'ai présentée ici, est un modèle de celle que je voudrais voir donner aux villes de l'intérieur. Je dois, toutefois, signaler auparavant une différence, assez légère du reste, dans l'application. Mostaganem, par sa position maritime, est appelée à devenir plus spécialement une colonie française, à la fois agricole et commerçante. Dans le projet d'organisation, j'ai donc dû établir comme base, l'intervention de l'autorité française dans l'administration municipale. Cette intervention serait nulle dans les villes musulmanes de l'intérieur, destinées à être indépendantes sous notre protection et où il serait facile au surplus de l'introduire par la suite, s'il y avait avantage ou opportunité.

Oran , 15 juillet 1837.

DE L'ORGANISATION DE MOSTAGANEM ET DE SON TERRITOIRE
SOUS LE DOUBLE RAPPORT POLITIQUE ET MILITAIRE.

Le territoire généralement désigné sous la dénomination de territoire de Mostaganem comprend trois
villes distinctes : Mostaganem, Matamore et Mazagran.

Mostaganem est le lieu principal, Matamore en est
en quelque sorte la citadelle, Mazagran est une ville
séparée , ayant un territoire séparé plus étendu et
aussi riche que Mostaganem : il en est éloigné de sept
mille mètres environ.

Mostaganem a seul conservé une partie de sa population ; les autres villes ont été désertées ; cette population consiste aujourd'hui en 1,468 indigènes de
races diverses, 679 juifs et 82 européens, total 2,229
individus (Voir le tableau n° 1 , annexé au rapport).

La population de Mostaganem, dans les tems anciens,
a dû être très considérable. En 1830, à en juger d'a-
près l'étendue de la ville comparée aux habitudes du
pays, elle ne pouvait être moindre de 10,000 âmes,
auxquelles il faut ajouter la population du faubourg,
situé à l'est de la ville , détruit depuis cette époque
et qui contenait au-delà de 5,000 âmes ; au total 15,000
âmes environ.

Matamore pouvait contenir de 3 à 4 mille âmes ; la

ville de Mazagran à-peu-près autant ; cela constituait donc une population totale de 22,000 âmes,
sans compter les habitans des maisons de campagne ;
le nombre de celles-ci peut, sans exagération, être
porté à plus de trois mille.

Quant aux jardins, pour donner une idée de leur
nombre, je dirai que les arabes dans leur style ampli-
fié en comptent 75,000. — Matamore complétement
ruiné et abandonné par sa population est devenu place
militaire et doit le demeurer.

Mazagran est occupé en ce moment par cinquante
familles de Bethowas, exilées du vieil Arzew.

La population de Mostaganem, quelque réduite
qu'elle soit, renferme cependant les bases d'une prospérité à venir; elle se compose de cultivateurs intelligens,
d'ouvriers de divers métiers, anciens habitans, et de
quelques artisans réfugiés de Kalah, Menzouna et
Tlemcen; le coton et le tabac font partie de la culture
habituelle; la fabrication de tapis, celle de diverses
étoffes et de la bijouterie y avaient un assez grand développement. Des tanneries de maroquins y réussi-
raient infailliblement, et s'y importeraient par suite
de la chute des villes que nous venons de citer.

Le commerce de commission ne peut également
manquer d'y fructifier, puisque Mostaganem est nécessairement, par sa position, le marché des produits
des vallées du Chélif, et que les vendeurs doivent
être encore attirés par l'avantage de s'y procurer des
objets de première nécessité, provenant, soit des
importations d'Europe, soit des fabriques du pays

qui s'y établiront par suite de la chute des diverses villes maures de l'intérieur.

Le mouvement du marché de Mostaganem, pendant l'exercice de 1836, a été, bœufs 2,487, moutons 3,515, chevaux 140, volaille 6,865, blé 5,040 charges, orge 2,982 charges, huile 80 charges, 676 charges de sel, venant de la Mina, bois 7,675 charges, charbon 1,820 charges, laine et tapis 85 charges, œufs 889 paniers, fruits 2,728 paniers, beurre 5,113 pots, miel 175 pots, cire 203 pots (Voir l'état annexé N° 2).

On estime que le produit de l'octroi peut s'élever à 30,000 francs au moins, auxquels il faut ajouter les produits des domaines, fondations religieuses pour la plupart, montant à 5,493 fr., ensemble 35,493 francs (Voir l'état N° 3).

La totalité du territoire désigné sous la dénomination de territoire de Mostaganem comprend, en longueur, le terrain qui part du pied des pentes ouest des collines qui bordent le Chélif, à huit mille mètres environ à l'est de la ville de Mostaganem jusqu'à la fontaine de Stidia, à douze mille mètres à l'ouest de cette même ville; total, vingt mille mètres de longueur, sur une largeur moyenne de sept mille mètres environ.

Ce territoire se divise en quatre parties distinctes : 1° le ravin de Mostaganem; 2° la vallée qui descend des collines qui bordent le Chélif en partant du territoire des Hachem, à l'est-sud-est de la ville et se dirigent de l'est à l'ouest; 3° le territoire qui borde la mer, compris entre une chaîne peu élevée, qui court dans une direction à peu près parallèle au rivage, dans toute la longueur du territoire; 4° et enfin les plateaux et pentes les plus élevées des collines qui partagent les eaux entre les trois terrains ci-dessus indiqués.

La ville de Mostaganem, le ravin de cette ville et une partie des terrains placés à l'est sont arrosés par des eaux abondantes, dont le cours principal est susceptible de faire marcher un grand nombre d'usines. Quatre moulins existent déjà sur ce cours d'eau. On compte, tant pour Mostaganem que pour son territoire proprement dit, cinq aquéducs principaux.

La vallée qui descend des collines qui bordent le Chélif a peu de sources, mais les arrosages sont alimentés par des puits abondans et peu profonds. Cette vallée était, en presque totalité, cultivée en jardins et renfermait presque toutes les maisons de campagne.

Les terrains qui bordent la mer sont arrosés, dans presque toute leur étendue, par des sources nombreuses et abondantes, particulièrement dans la partie comprise entre Mostaganem et Mazagran, et à quatre mille mètres environ à l'ouest de cette dernière ville.

Enfin les plateaux et les pentes les plus élevées des collines sont en partie cultivées en céréales. Cette portion du territoire ne paraît comprendre que les deux cinquièmes du total.

Cet aperçu général indique suffisamment que Mostaganem et son territoire renferment en eux tous les élémens d'une grande prospérité, sous le triple rapport agricole, industriel et commercial. Il est évident que si cette prospérité pouvait s'y développer, il en résulterait la résolution du problème qu'on doit se proposer en Afrique : démontrer par l'expérience aux peuples indigènes que notre présence et la protection de nos mœurs et de nos lois peuvent leur donner une aisance, une sécurité et une liberté d'existence que les dominateurs qui nous ont précédés n'ont point voulu ni pu leur donner. Enfin, les avantages de notre domination seraient incontestables et incontestés, si le système politique adopté pour les administrer laissait les Musulmans dans l'indépendance complète de leur croyance, de leur politique religieuse et des mœurs qui en sont la conséquence.

Ce système serait complet si la population musulmane se trouvait placée dans une juste dépendance des autorités françaises, en conservant cependant une liberté d'action suffisante pour lui assurer le libre exercice de sa religion, la jouissance de ses mœurs et une bonne administration de la justice.

Les mesures à prendre pour atteindre ce but seraient : 1° Séparation des populations musulmanes de la garnison française, en plaçant celle-ci à Matamore et dans les postes fortifiés;

2° Administration municipale sous la surveillance du commissaire du roi;

3° Établissement d'un Hackem, ou gouverneur civil, pour chacune des villes de Mostaganem et Mazagran;

4° Établissement d'une justice régulière, rendue par les Cadi ou Mufti des villes de Mostaganem et Mazagran, avec appel à un tribunal supérieur placé à Matamore, composé d'un Cadi, d'un Mufti, sous la présidence du Commissaire du roi ; enfin, recours en cassation au tribunal d'Oran ;

5° Libre disposition des recettes municipales et des domaines qui constitueraient les budgets de la ville de Mostaganem et de Mazagran et qui devraient suffire à toutes les dépenses, sans que la France eût rien à y ajouter, sauf celles de premier établissement ci-après et l'entretien des fortifications, qui seraient pris par la suite sur les contributions qui pourraient être établies ou mises à la charge des villes, quand leurs revenus seraient jugés y pouvoir suffire.

Ce système une fois établi, reste à examiner les mesures qui sont à prendre pour maintenir ces populations sous l'obéissance, et leur assurer protection contre l'ennemi commun, si la paix venait à se rompre et les dépenses qui en seraient la conséquence.

La force militaire consacrée à la défense des villes de Mostaganem, Mazagran et de leur territoire serait composée d'un bataillon organisé spécialement à cet effet. Fort de huit compagnies, chacune de 125 hommes, officiers non compris ; savoir : quatre compagnies françaises, quatre compagnies indigènes.

Les troupes seraient casernées par compagnies.

Chaque casernement formerait un fort détaché.

Six compagnies seraient placées à Matamore. Les six casernemens, séparés et liés par des murailles, formeraient l'enceinte de la ville.

Les deux autres compagnies seraient placées, l'une à Mazagran, l'autre au lieu dit le Marabout.

Mostaganem est défendu par sa position même, il suffit de mettre en état quelques points faibles en petit nombre, particulièrement situés aux saillans, et obliger ensuite les habitans, lorsqu'ils répareront leurs maisons, à le faire suivant un système arrêté par le génie.

Placé sur une colline escarpée dans la plus grande partie de son étendue, Mostaganem est dominé, à petite portée de canon, par Matamore et le fort de l'Est; la défense en peut donc être confiée sans inconvénient à la population elle-même.

En construisant un poste à Mazagran, cette ville se trouvera placée dans les mêmes conditions.

Les dépenses pour le casernement de cent vingt-cinq hommes et les accessoires, voûtés et crénelés, coûteraient 15,000 francs.

Pour huit compagnies................... 120,000 fr.
Mais, comme il y aura un surcroît de dépense pour les deux compagnies détachées et pour l'enceinte, il convient d'y ajouter une somme de............... 30,000

Total............. 150,000 fr.

Les dépenses qui se rattachent au besoin de la population se composent de :

1° Celles à faire aux aquéducs :

Réparation de la prise d'eau   2,000 fr.
Poste fortifié à y établir......   6,000
Réparations générales   4,000

Total..... 12,000 fr.   12,000

A Reporter........ 162,000 fr.

Report............. 162,000 fr.

2º La restauration de Mazagran......   *mémoire.*

Cette ville devant être consacrée à l'é-
tablissement des Coulouglis réfugiés,
la dépense devra être à la charge de
la somme de 94,000 fr. votés par la
Chambre des Députés, et l'utilité de
l'emploi d'une partie de cette somme
à cet objet ne peut être contestée.

TOTAL.... 162,000 fr.

Ainsi, moyennant une dépense une fois faite de
162,000 fr., les villes de Mostaganem et de Mazagran
seraient constituées de manière à se suffire elles-mêmes, avec les conditions de développement d'une
grande prospérité, sans que la France eût à s'en occuper, si ce n'est pour la direction à donner aux travaux
publics, l'ordre, la justice et la police à y maintenir.

On va maintenant examiner ce qu'une opération
stérile, sans présent et sans avenir, a coûté annuellement à la France :

1º Dépenses pour les services municipaux, sept
mille huit cent vingt-huit francs, ci..   7,828 fr.

2º Dépenses approximatives faites
annuellement par le génie.............   5,000

3º Dépenses du Beylik, traite-
ment du Bey..........   6,000 fr.
Solde des Turcs...   101,178   158,298
Allocat. en vivres.   51,120

TOTAL............... 171,126 fr.

Les dépenses occasionnées par le Beylik ne peuvent être justifiées que par l'exigence de circonstances qui disparaissent par le fait de la paix: encore pourrait-on contester l'utilité de l'institution d'un Bey et des troupes qui en dépendent, sous les rapports politique et militaire.

Dans tous les cas, aucun motif ne peut engager à maintenir les choses ainsi qu'elles sont aujourd'hui établies. D'ailleurs, les Turcs n'entrent que pour moitié au plus dans la composition du corps soldé à Mostaganem, presque tous demandent à être libérés du service, à quitter cette ville; le reste du corps soldé se fondra dans la population, et concourra gratuitement à la défense de la ville, si les circonstances venaient à l'exiger.

Les dépenses du Beylik étant de 158,298 francs, il y aurait, à le supprimer immédiatement, une économie de 127,298 francs. Pour la première année on réduit l'économie à cette somme, parce qu'il convient de maintenir au Bey son traitement de 500 francs par mois, et de lui allouer une somme de 25,000 francs, une fois payée. Cette allocation doit lui être attribuée à titre d'indemnité de déplacement, car il importe qu'il cesse de résider dans la province d'Oran, et pour le mettre à même de payer les dettes qu'il a contractées, sans le jeter dans la misère : l'intérêt et la dignité de la France ne permettent pas de le souffrir.

RÉSUMÉ.

Une occupation improductive de quatre années à coûté, à la France, la somme de 684,504 francs. Si ce qui précède est vrai, et cela est incontestable et serait au besoin prouvé dans un mémoire plus développé, pour une dépense, une fois faite, de 162,000 f., les villes de Mostaganem et de Mazagran seraient placées dans les conditions d'une existence qui leur serait propre et leur permettrait un développement successif de prospérité agricole, industrielle et commerciale, sans que la France fut obligée d'y intervenir par de nouveaux efforts.

On n'a pas fait assez attention qu'il en est du développement de l'existence et de la richesse des peuples comme des produits de la nature; quand le principe de vie existe, il suffit de le placer dans des conditions favorables et de laisser agir le tems; le calme est nécessaire pour l'enfantement, le grain de blé que le doigt de l'enfant recherche incessamment dans la terre ne produit pas d'épi.

La seule objection qui pourrait être faite se rattache à la défense de la colonie; sans doute une attaque pourrait lui être fatale, mais avec les dispositions qui sont proposées, les tentatives se réduiraient nécessairement à une invasion passagère du territoire; sans doute la prospérité en souffrirait, mais les sources n'en seraient pas atteintes.

TABLEAU *du mouvement de la population indigène à Mostaganem, du 1er au 30 Juin 1837.*

NATION.	EFFECTIF ANTÉRIEUR.	GAINS.			PERTES.			OBSERVATIONS.
		Naissances.	Arrivés.	TOTAL.	Décès.	Départs.	TOTAL.	
Maures.....	339	«	«	«	«	«	«	NOTA. Plus 82 Européens.
Coulouglis..	738	«	«	«	«	«	«	SAVOIR :
Turcs......	197	«	«	«	«	«	«	Hommes........53
Arabes....	79	«	«	»	«	«	«	Femmes ....19 } 82
Nègres ...	116	«	«	«	I	«	I	Enfans......... 10
Juifs.......	679	«	«	«	«	«	«	
	2.148	«	«	«	I	«	I	

Hommes.................... 524 ⎫
Femmes.................... 569 ⎬ 2,147 TOTAL ÉGAL
Enfans.................... 1,054 ⎭

(N° 2)

TABLEAU des denrées arrivées au marché de Mostaganem, pendant l'exercice 1836.

MOIS.	NOMBRE DE				CHARGES DE							PANIERS de		POTS DE			PRIX MOYENS DES GRAINS.				OBSERVATIONS.
																	1e quinzaine.		2e quinzaine		
	Bœufs.	Moutons.	Chevaux.	Volailles.	Blé.	Orge.	Huile.	Sel.	Bois.	Charbon.	Laine et tapis.	OEufs.	Fruits.	Beurre.	Miel.	Cire.	Blé.	Orge.	Blé.	Orge.	
Janvier....	348	284	«	1105	590	315	2	89	1071	379	9	126	437	143	23	22	17.22	7.12	14.80	5.99	
Février....	146	118	3	701	333	242	16	9	669	243	11	80	111	82	1	4	15.77	6 01	17.69	7.13	
Mars.....	160	647	6	751	361	196	10	19	607	342	12	77	380	381	«	58	18.00	7 20	17.58	6.77	
Avril......	150	608	32	1248	327	356	26	116	1022	473	24	127	373	612	17	26	17.80	6 94	17 30	6.60	
Mai.......	164	374	31	584	303	187	13	153	526	181	6	121	167	952	36	45	18 00	7.20	18.00	7.20	
Juin........	161	369	13	362	256	392	5	35	359	33	5	86	102	200	47	33	18 00	7.20	16.55	5 85	
Juillet.....	451	304	25	1148	962	459	6	164	590	64	7	74	152	254	24	29	12.98	5.10	11.50	4.90	Environ 500 bœufs achetés en dehors par les Arabes du Magzın et les Betowas ont été impor-tés à Oran.
Août......	54	241	5	379	371	190	«	69	455	50	2	21	33	63	6	1	14.12	5.63	15.05	7 22	
Septembre..	73	127	«	179	451	240	«	1	560	12	1	32	69	66	5	30	14.40	7.20	13 62	6.12	Les Arabes qui se rendent au marché viennent des rives du Chelif et de Med-el-Kalah.
Octobre....	66	135	2	51	102	17	«	»	453	«	«	7	208	26	«	«	12.60	5.40	18 60	5 40	
Novembre.	143	290	20	317	795	261	1	19	834	37	3	40	597	193	13	1	12.60	5.40	12.33	5 20	
Décembre..	71	28	3	40	209	27	2	2	533	6	5	95	92	41	3	4	14.40	5.20	14.40	7.20	
TOTAUX...	1987	3515	140	6865	5040	2982	81	676	7679	1820	85	889	2728	3013	175	253					

(N° 3.)

BIENS *des Mosquées et du Beylik de Mostaganem.*

NOMBRE DE		LOUÉS.			IMPRODUCTIFS.		OBSERVATIONS.
Boutiques et Magasins.	Maisons.	Boutiques et Magasins.	Maisons.	Produit.	Boutiques et Magasins.	Maisons.	
105	110	59	21	5,493 00	46	89	Les boutiques et maisons non productives sont occupées à titre de casernement.

Post-Scriptum

DES MÉLANGES

SUR L'AFRIQUE.

Au moment de livrer au public cette première
partie des Mélanges sur l'Afrique, j'éprouve, tout à
la fois, un sentiment de profond découragement et
d'inexplicable timidité. De découragement, car,
spectateur des efforts infructueux d'une occupation
de sept années, je ne trouve rien, dans ce que j'en-
tends dire sur l'Algérie, qui semble indiquer un retour sur le passé et le sentiment des leçons cruelles
de l'expérience. De timidité, car je me demande si
mes paroles seront plus puissantes que les nombreux
écrits publiés sur l'Afrique, et si elles renferment
cette action d'ensemble, de logique et de vérité qui,
seule, peut convaincre et entraîner les esprits. Je
n'ose espérer que mes écrits produisent une profonde

impression; mais cela devrait être, s'il est vrai que, pour convaincre, il faut soi-même être convaincu. Non-seulement mes paroles sont l'expression d'une profonde conviction, mais elles sont encore le résultat de l'expérience, et en quelque sorte le reflet de ce que j'ai vu et des évènemens auxquels j'ai pris part pendant plusieurs années. J'ajouterai que j'ai observé sans prévention, sans système, dans lequel, pour le faire prévaloir, je voulusse encadrer mes observations. J'ai étudié avec la seule pensée de m'éclairer dans l'accomplissement des devoirs qui m'étaient imposés, et comme dans tout ce qu'il m'a été donné d'entreprendre le succès a couronné mes efforts, je dois en conclure que j'avais bien jugé.

D'un autre côté, si j'examine ce qui se passe, je vois des personnes qui à peine ont jeté un coup-d'œil sur l'Afrique, et qui non-seulement se hasardent à émettre des idées que l'expérience ne peut leur avoir suggérées, mais qui encore osent assumer la responsabilité de déterminations aventureuses, dont on s'effraie à juste titre.

Cependant, ce que ces hommes n'ont pas aperçu, je l'avais signalé, et chaque fois que j'ai été appelé à agir, j'ai pris l'initiative des impulsions heureuses données à la marche des affaires ou à celle des opérations militaires. J'ai donc le droit de prendre quelque confiance en moi-même, et je dois au pays de mettre dans la balance le faible poids de mes opinions.

J'avais senti la nécessité d'ajouter un complément aux fragmens dont se compose la brochure que je publie, afin de les réunir en faisceau, et de leur donner une existence palpable. Aussi je me proposais et me propose encore de traiter la question de l'harmonie à établir entre l'action militaire et l'action politique en Afrique. Mais, distrait par d'autres occupations, et pressé par la circonstance actuelle qui ouvre la lice pour la discussion sur l'Algérie, je me suis décidé à rédiger à la hâte ce corollaire des articles contenus dans mes mélanges, et dont il résume les principales idées.

La question d'Afrique embrasse trois ordres d'idées, la nécessité et l'utilité de l'entreprise, le but qu'on doit se proposer, les moyens à employer pour l'atteindre. La nécessité et l'utilité de l'entreprise me paraissent hors du domaine de la discussion. On ne peut douter, qu'arrivées à un certain degré de prospérité sociale, les nations ne soient poussées à s'étendre par une loi providentielle, à laquelle l'homme obéit quand il couvre l'univers de ses enfans et de ses travaux. On ne peut pas dire davantage que la possession de côtes étendues et de positions qui assurent dans l'avenir la puissance et l'influence de la France dans la Méditerranée soit à dédaigner, et que d'abondantes récoltes en céréales, l'huile de l'olive, la soie du mûrier, la laine des brebis et un beau ciel ne sont pas des richesses à conserver quand on les a conquises. S'assurer la jouissance de ces avantages, fonder la prospérité agricole et commerciale de la colonie, tel est le but qu'on doit se proposer. Tout le monde est je crois d'accord sur ce principe; la voix unanime de la France réclame la conservation et la colonisation d'Alger.

Pour arriver à ce résultat, il y a deux choses à considérer, la sécurité du territoire, les travaux de la colonisation. De ces deux choses, la première seule doit occuper le gouvernement; maintenir les Arabes en paix et ouvrir les communications, là doit se borner son action. Le tems et l'intérêt personnel feront le reste.

Avant d'aller plus loin, j'insisterai ici sur une vérité qui ne saurait trop fixer l'attention; c'est qu'excepté les Arabes nomades, toutes les autres races qui habitent la régence doivent être mises hors de cause. Les villes maures gémissent sous la tyrannie des Arabes; les Kabaïles, sédentaires dans leurs montagnes, ne demandent qu'à cultiver leurs terres en paix. La question de sécurité doit donc être vidée avec les Arabes, et c'est par les Arabes eux-mêmes que cette sécurité doit être assurée. C'est l'œuvre de la politique encore plus que celle des armes; mais les armes sont le premier instrument que la politique doit employer; le premier besoin est donc d'organiser l'armée.

Il faut qu'elle soit assez nombreuse pour ne point redouter le nombre de ses adversaires, assez restreinte pour qu'elle puisse trouver ses ressources sur le terrain, et pour ne point imposer à la mère-patrie des sacrifices en disproportion avec les résultats obtenus; il faut surtout qu'elle soit aussi rapide que l'ennemi qu'elle doit atteindre, pour qu'il ne

puisse lui échapper. Voila le moyen d'action militaire ; quelle doit être l'action politique ?

Constituer les villes maures en cités libres et indépendantes, sous la protection de la France.

Réunir les Arabes nos alliés sous un chef suprême
français.

Entretenir des relations pacifiques avec les Kabaïles ; gagner leurs chefs et les protéger contre les dé-
prédations des Arabes nomades.

Diviser ceux-ci entre plusieurs chefs. Les contenir
dans leurs limites ; exercer sur eux une surveillance
armée ; leur interdire la guerre [1] avec les autres
habitans de l'Algérie, sous peine de la subir à leur
tour.

S'en remettre au tems et à la marche de la civilisation, qui les soumettra par la comparaison des bienfaits de la paix avec les malheurs d'une guerre incess-
sante ou les fera disparaître.

Mais la question se trouve maintenant, sinon com-
pliquée, au moins rendue plus instante par l'accroissement de la puissance morale et matérielle de nos
ennemis. Cette puissance, jadis éparse, disséminée,
privée d'un centre commun, a pris un corps, une âme
et repose dans une seule main. Cette œuvre, préparée
par le génie d'Abd-el-Kader, et consacrée par le traité
de la Tafnah, a été accomplie par la prise de Constantine, qui a laissé l'Emir sans rival chez ses co-re-

____

[1] Il faudrait astreindre Abd-el-Kader lui-même à respecter le repos
des tribus et des villes de l'intérieur, si sa puissance pouvait être com-
patible avec la sécurité de la colonie.

ligionnaires. Les prétentions d'Abd-el-Kader ne sont plus un secret, et il semble que de tous côtés on ait le pressentiment des dangers qui menacent la colonie. Dans cette position il y a trois partis à prendre.

1° Entrer dès aujourd'hui dans les idées d'Abd-el-Kader, lui abandonner la domination sur tous les Musulmans *sans exception*, même ceux d'Alger, seule condition qui pourra *peut-être* le décider à identifier sa puissance et nos intérêts, et nous donner une garantie contre lui.

2° Nous fortifier sur le territoire que nous nous sommes réservé, hâter le développement de la colonisation, et nous préparer à une guerre inévitable, à une époque donnée.

3° Entrer en campagne au printems, profiter des haines que la domination nouvelle d'Abd-el-Kader n'a pu encore éteindre et a même soulevées, et la renverser.

Dans la première hypothèse, il faut abandonner toute prétention à la colonisation du territoire, et se borner à recueillir les avantages maritimes et commerciaux de l'occupation des principaux points du littoral; en d'autres termes, se renfermer dans l'étroite enceinte de comptoirs et de forteresses.

Le second parti est celui que semble indiquer le projet du gouvernement. Il a ce grave inconvénient qu'il nous ôte le bénéfice de l'offensive et nous livre aux chances de l'avenir. La France doit-elle admettre l'unité de la puissance arabe? doit-elle attendre qu'Abd-el-Kader ait complété l'organisation de sa force? nous faudra-t-il des armées moins puissantes, lorsque lui-même sera devenu tout puissant? et s'il faut 48,000 hommes pour la paix, combien en faudra-t-il pour la guerre?

Le troisième parti me paraît le seul admissible; car il est le plus honorable et le plus sûr, et se concilie entièrement avec la marche que je viens d'indiquer pour la soumission des Arabes. En l'adoptant la France ne s'engage pas à plus de sacrifices qu'on ne lui en demande pour maintenir une paix incertaine et fragile; elle se rend maîtresse du tems, et ne confie point aux hasards du lendemain ses intérêts d'aujourd'hui. Nous marchons sur un sol hérissé de questions difficiles et ardues; chaque jour peut en susciter de nouvelles, qui détourneront notre attention et nos ressources de l'Algérie; chaque jour voit un nouveau pas d'Abd-el-Kader, qui, insouciant et libre des questions si graves de la politique européenne, et de celles non moins vivaces d'intérêts industriels et locaux, n'a à redouter dans sa route que les obstacles inhérens au but qu'il se propose. Pourquoi donc ne pas prendre les armes, alors que rien ne s'y oppose, que nous pouvons mettre en œuvre tous nos moyens et que l'Emir n'a pu encore réunir tous les siens. Sa domination est bien récente dans la province de Tittery; les tribus de l'Est, qu'il vient de frapper de contributions, n'ont pas encore repris l'habitude du joug que notre conquête avait brisé, et il n'a pas eu le tems de rallier à ses étendards les populations de la province de Constantine. Il ne faut pas le lui laisser, et par des délais inutiles compromettre la sécurité de la colonie et l'honneur de la France. L'Emir, pour combattre, attend le moment où il pourra nous assaillir de toutes parts, et nous étreindre dans l'attaque des tribus soumises à ses lois; la France doit le prévenir et l'étouffer lui-même.

La guerre au printems, est, je le répète, le parti le plus honorable et le plus sûr; seule elle peut garantir l'avenir de la colonie. Il faut marcher et marcher immédiatement.

Perpignan, le 4 Mars 1838.

LE GÉNÉRAL DE BROSSARD.

IMPRIMERIE DE J.-B. ALZINE,
A PERPIGNAN.